DON
BOSCO

Stanko Gerjolj

Der Engel Rafael – ein außerfamiliärer Erzieher

Biblische Pädagogik
als Antwort auf Lebensfragen

DON BOSCO

Gerne nehmen wir Ihre Anregungen, Wünsche, Kritik oder Fragen entgegen:
Don Bosco Medien GmbH, Sieboldstraße 11, 81669 München
Servicetelefon: (0 89) 4 80 08-3 41

Herzlichen Dank den Rezensenten
Msgr. Aloiz Uran, Dr. Berhard Grom, Dr. Franz Feiner

Bibliografische Information der Deutschen Nationalbibliothek

Die Deutsche Nationalbibliothek verzeichnet diese Publikation in der Deutschen Nationalbibliografie; detaillierte bibliografische Daten sind im Internet über http://dnb.d-nb.de abrufbar.

Der vorliegende Text ist entnommen aus der slowenischen Originalausgabe „Stanko Gerjolj: Živeti, Delati, Ljubiti“, erschienen 2006 bei Celjska Mohorjeva družba (Celje). Der Text ist eine überarbeitete Fassung des Kapitels „Tretje poglavje: ANGELI V NAŠEM ŽIVLJENJU“ auf S. 315–361 der slowenischen Originalausgabe.

ISBN 978-3-7698-1737-9
1. Auflage 2009

Umschlag: Manfred Lehner, bluecatdesign; Umschlagfoto: fotolia;
Umschlagmotive (Seidenmalerei): Tobit segnet Tobias / Rafael rettet Tobias, Anna Seifert, © Albert Höfer
Produktion: Don Bosco Druck & Design, Ensdorf

Gedruckt auf umweltfreundlichem Papier

INHALT

Die Heilige Schrift – das Buch des Lebens 7

Das Buch Tobit 19

Tobias' Kindheit und Jugend 23

Wenn die Eltern erblinden 24

... sind die Engel an der Reihe 29

Tobias' weitere Entwicklung und seine Vorbereitung auf die Ehe 37

Das Sammeln von und das Lernen durch Erfahrungen 38

Die Ratschläge des Engels für das Leben und Tobias' langwierige Vorbereitung auf die Ehe ... 46

Tobias' unmittelbare Vorbereitung auf die Ehe .. 52

Das Glück der Kinder sorgt für eine Heilung der Eltern 72

Kranke Eltern 72

Die Hochzeit und das Testament 74

Die geheilten Eltern 76

Anmerkungen 80
Literatur 89

DIE HEILIGE SCHRIFT – DAS BUCH DES LEBENS

Die Heilige Schrift ist ein Buch, das mit seinen Botschaften und seinen Überlegungen über die Grundfragen des Lebens nie aus der Mode kommen wird. In den vor Jahrtausenden entstandenen und dennoch immer noch aktuellen Texten werden Fragen aufgeworfen und artikuliert, mit denen sich die Menschen auch heute noch fast tagtäglich beschäftigen.

Die Heilige Schrift kann unter verschiedenen Gesichtspunkten gelesen werden. Sie offenbart die Botschaft Gottes sowie unsere Heilsgeschichte und Heilsperspektive. Durch sie entdeckt man die Geschichte und die Formen der Kommunikation zwischen Gott und den Menschen. Man kann sich in unzähligen biblischen Figuren und Personen wiedererkennen, fühlt sich noch heute in besonderer Art und Weise angesprochen, und die biblischen Figuren laden dazu ein, sich mit ihnen zu identifizieren (Höfer, 2003, S. 23). Ungeachtet dessen, ob es sich dabei um konkrete und historische Personen oder um mythische Gestalten handelt, tragen sie sozusagen als Prototypen eine grundlegende Bedeutung in sich und vermitteln universelle Botschaften. Die biblischen Figuren warten geradezu auf den Leser, um sich ihm mitzuteilen (Rollins, 1999, S. 150). Durch sie wird er aus einer verträumten Realität geweckt und in einen Traum geführt, der die Realität verändert. In diesem Sinne wirken die biblischen Geschichten auch dann real, wenn sie in der beschriebenen Form tatsächlich gar nicht existiert haben (Corey, 1995, S. 6). Gemäß dem Verständnis der Persönlichkeitsentwicklung in der jüdisch-christlichen Tradition stellen wir nicht nur fest, dass alles wahr ist, was in der Bibel steht, sondern wir werden durch ein tief gehendes und meditatives Lesen auch zur existenziellen Erkenntnis geführt, dass in der Heiligen Schrift „alle“ Wahrheit präsent ist (Cloud, Townsend, 2001, S. 20). Diese existenzielle Wahrheit offenbart sich überzeugend, wenn wir imstande sind, das Lesen und Meditieren einzelner Teile und Absätze in eine Beziehung zur gesamten biblischen Botschaft zu stellen und sie nicht aus dem Kontext herauszulösen (Friedman, 2001, S. 3).

Die Heilige Schrift und durch sie die göttliche Kommunikation spiegeln gerade unter dem Aspekt der Gesamtheit jene Botschaft wider, die dem Menschen auf den Leib geschnitten ist und die ihm so nahegebracht wird, dass er darin die eigene persönliche Entwicklung und sein Reifen erahnen kann, angefangen von der Empfängnis bis zur Erlangung der Ruhe in Gott. „Das Wort Gottes erleuchtet die menschlichen Empfindungen, in ihm entfaltet sich der Gedanke, wächst die Erkenntnis und reift die Weisheit.“ (Rupnik, 2000, S. 9). Diese Erkenntnisse spiegeln sich sowohl in der gesamten Menschheitsgeschichte als auch im Leben jedes einzelnen Menschen wider. In psychologischer Hinsicht hat z.B. die Erzählung vom Paradies sehr viel Ähnlichkeit mit dem Leben in der Gebärmutter und kann durchaus als Symbol dafür gedeutet werden. Durch die Geburt werden wir aus dem Paradies, der Gebärmutter, „vertrieben“ und wachsen und entwickeln uns das ganze Leben lang weiter. Die Vertreibung aus dem Paradies symbolisiert also die Geburt, nach welcher wir als Kain durch das ganze Leben bzw. durch das gesamte Alte Testament „umherstreifen“, auf der Suche nach dem Erwachsensein bzw. nach dem Neuen Testament, das wir eigentlich erst mit dem Tod zu leben beginnen. Das Alte Testament verdeutlicht unser Heranwachsen bzw. unsere persönliche Entwicklung, das Neue Testament jedoch steht für das Erwachsensein. Dieses ist in uns durchgehend präsent, doch unter dem Gesichtspunkt der psychologischen Entwicklung, „streifen“ wir trotzdem großteils durch das Alte Testament. Wir werden nämlich erst durch den Tod erwachsen. Die Botschaft des Neuen Testaments begreifen wir in aller Fülle erst dann, wenn Gott uns in seine Arme nimmt. In der Tat werden wir auf dem Weg durch das Alte Testament fortwährend vom Neuen Testament motiviert, obwohl sich uns dieses – wie eine Art Gelobtes Land – ständig entzieht; dies bedeutet, dass wir zum Zeitpunkt des Todes noch immer nicht vollständig erwachsen sind.

Beim Lesen der Heiligen Schrift – insbesondere des Alten Testaments – kann es sein, dass uns die schroffe Sprache, die Brutalität und die Blutrünstigkeit der biblischen Geschichten abstoßen, da es sich um altertümliche Texte handelt, die „vor langer Zeit" stattgefundene Begebenheiten beschreiben, sofern sich diese überhaupt zugetragen haben. Zu Hilfe kommen uns moderne Gesellschafts- und Geisteswissenschaften, die uns erklären, dass die Heilige Schrift voll von Archetypen, Symbolen und sogar Träumen steckt.[1] Wenn wir aber glauben, dass uns diese Erkenntnisse in dem Sinn trösten, dass die Dinge doch nicht so ernst und dramatisch sind, wie sie erscheinen, dann täuschen wir uns. Es stimmt, die Heilige Schrift benutzt Archetypen, Symbole, Träume und andere „blühende" Ausdrucksformen, jedoch nicht zu dem Zweck, die Botschaft zu mindern und zu relativieren, sondern eher umgekehrt: Sie werden angewandt, weil die „Angelegenheit" zu ernst und zu dramatisch ist, um in einer gewöhnlichen, „technischen" Sprache ausgedrückt zu werden. Die Symbole sprechen nämlich nicht über die Realität, sondern öffnen uns nur das Tor zu ihr, und zwar so, dass sie diese transzendieren und ihr einen Sinn geben (Funke, 1993, S. 94).

Die biblischen Geschichten sprechen alle Generationen zu jeder Zeit an. Durch ein offenes und meditatives Lesen lernen wir auch heute Kinder und Eltern, Brüder und Schwestern,

Väter und Mütter, Männer und Frauen zu sein, natürlich nicht in einem rezipierenden Sinn, sondern vor allem in Form von Herausforderungen und der Artikulation von Lebensfragen. Auch wenn wir keine konkreten Antworten finden werden, zeigen uns die Texte die Richtung, insbesondere aber ermutigen und motivieren sie uns, beharrlich nach Antworten zu suchen (Cohen, 1995, S. 14–15). Die Heilige Schrift ist das Spiegelbild der allertiefsten menschlichen Sehnsüchte, gleichzeitig befreit Gott durch seine aktive Haltung den Menschen aus den verschiedensten Befangenheiten und lehrt, formt und erzieht ihn ununterbrochen (Rollins, 1999, S. 153). Immer wieder fragt er uns und offenbart uns zugleich, wer wir sind und wer wir werden können – die Grundfrage sowohl der Religion als auch der Psychologie (Vaughan, Wittine, Walsh, 1996, S. 487).

Die Denkansätze in diesem Buch sind gerade für diese psychologische und pädagogische bzw. erzieherische Begegnung mit den biblischen Texten bestimmt. Das bedeutet, dass es sich nicht um eine textkritische oder sonstige Exegese handelt, sondern wir werden uns von den Erzählungen auf die Art und Weise ansprechen lassen, in der wir sie täglich lesen und meditieren. Wir werden die Heilige Schrift, dieses überwältigende Wort Gottes und den kultiviertesten Ausdruck göttlicher Liebe „wie Brot essen" (Höfer, 1997, S. 21) und wie Wein trinken, wodurch es in das Fleisch und das Blut unserer Sehnsüchte und Taten übergehen wird. Mit den biblischen Gestalten, die von Gott nie verlassen werden, werden wir unsere Zweifel und Ängste teilen, aber auch unseren Glauben und unsere Hoffnung; wir werden fundamentale Lebensfragen aufwerfen und göttliche Antworten darauf suchen; wir werden die Ressourcen unserer Sehnsüchte entdecken und das Wasser trinken, das ihren bzw. unseren Quellen entspringt. Der Psychologie des ganzheitlichen Lernens entsprechend, werden wir versuchen, die – im Westen etablierte – Faktenanalyse durch die Symbolik und Metaphorik des Ostens zu vertiefen, ohne die in unserem Raum geltende Tradition des kognitiven Lernens zu vernachlässigen oder sie pauschal abzulehnen. Trotz der vielen Unterschiede zwischen der so genannten westlichen und der östlichen, insbesondere der semitischen Auffassung derselben Realitäten (Walton, 2001, S. 25–26), ist die Heilige Schrift ein Buch, das uns nach jahrhundertealten Gegensätzen heute erneut immer mehr verbindet. Es ist nicht ausgeschlossen, dass zur „Rehabilitation" der Heiligen Schrift und anderer religiöser Literatur auch die jahrzehntelangen Bemühungen beitragen, das auf der linearen Logik der linken Gehirnhälfte basierende kognitive analytische Lernen durch die Einbindung der rechten Gehirnhälfte in die Lern- und Unterrichtsprozesse zu überwinden und zu vertiefen. Durch das Aktivieren beider Gehirnhälften wird die gesamte edukative Tätigkeit zum ganzheitlichen und erfahrungsfundierten Lernen (Williams, 1986, S. 11). Somit wird der Lernprozess laufend bewertet und mit Sinn erfüllt, gleichzeitig werden neue Quellen der Kreativität und der Motivation erschlossen, da das gesamte Leben zum Lernen genutzt wird (Williams, 1986, S. 58–59). Wenn wir in diesem Kontext die Heilige Schrift annehmen, lesen sowie ohne Vorurteile meditieren, und zwar mit der Absicht zu lernen, wird uns auf einen Schlag bewusst, dass wir das wahre Buch des Lebens in Händen halten.

Durch eine solche „biblische Pädagogik" werden wir zur Suche nach Grundbotschaften der biblischen Erzählungen angeregt, zum Entdecken ihrer religiösen und menschlichen Dimensionen, aber auch ihrer Aktualisierung. Die abwechslungsreichen und viel sagenden Texte laden den Leser ein, Antworten auf Lebensfragen zu suchen und zu finden, die ihm helfen, das Leben zu akzeptieren, es besser zu verstehen und es lieben zu lernen. Auf diese Art erschließt uns die biblische Pädagogik neue Perspektiven und Dimensionen. Sie lehrt uns zu glauben, dadurch aber auch zu leben, zu handeln und zu lieben.

Es kann zwar vorkommen, dass die Lektüre von Lebensgeschichten in uns unangenehme, sogar schmerzhafte Erinnerungen hervorruft. Die Heilige Schrift kennt den Menschen „in- und auswendig" (Höfer, 1993, S. 131). Manchmal stellt sie unser Leben besser dar, als wir das erwartet hätten, besser sogar, als wir uns das wünschen würden. Deswegen verwundert es nicht, dass wir hie und da erschaudern, öffnet uns doch so manche Geschichte den Blick in unser Inneres und auf Lebensfragen, die wir möglicherweise lange Zeit erfolgreich unterdrückt haben und denen wir bis dahin ausgewichen sind. Beim Lesen und Meditieren der biblischen Erzählungen folgen wir dem Drehbuch des eigenen Lebens in einer überzeitlichen, überräumlichen und außergeschichtlichen, jedoch trotzdem gegenwärtigen und konkreten Form. Alles geschieht hier und jetzt! Jeder Satz überzeugt uns, dass die Flucht vor der Wirklichkeit, vor der persönlichen und kollektiven Geschichte, dass das bewusste Vergessen und Verdrängen unbewältigter Inhalte ungleich fragwürdiger und sicher schmerzhafter ist, als das rechtzeitige, jedoch emotionale Ansprechen und Thematisieren auch bitterer Erkenntnisse. Die biblischen Erzählungen sind nämlich so gestaltet, dass sie nicht nur die Realität, sondern auch unsere tiefsten Hoffnungen und Sehnsüchte abbilden. Deshalb ist die Heilige Schrift auch ein Buch der Hoffnung und des Glaubens. Die Beschreibungen der Lebensgeschichten und vor allem der Familiengeschichten enden nicht mit den „Analysen", sondern sprechen uns als Heilsgeschichten existenziell an (Höfer, 1993, S. 131). Die Heilsdimension der Heiligen Schrift wird einerseits vortrefflich dadurch getragen, dass in ihr eine noch so komplizierte „Geschichte" immer ein gutes und positives Ende findet, und andererseits dadurch, dass wir den Sinn der Erzählung (auch im anthropologischen Kontext) dann tiefer verstehen, wenn wir sie unter dem Aspekt der erlösenden Kommunikation Gottes mit den Menschen und der Menschheit lesen und meditieren. Gott ist kein „Staatspräsident", der sich der öffentlichen Meinung anpassen und es den jeweiligen Wünschen von Einzelpersonen und Gruppierungen recht machen würde (Görg, 1993, S. 43), sondern er kommuniziert mit den Menschen auf der Grundlage einer die Zeit und den Raum überschreitenden Vision. In dieser tiefen Verbundenheit mit Gott lesen wir auch die alttestamentlichen Beschreibungen von Gewalt anders als auf der anthropologischen Ebene. Dadurch lernen wir den Sinn des Lebens in noch so komplizierten Situationen zu akzeptieren und zu begreifen. Dazu fordert uns das Alte Testament noch mehr heraus als das Neue, beinhaltet es doch mehr an „unverständlichen" Komplikationen, die wir möglicherweise ablehnen, die uns aber doch immer wieder aufs Neue beunruhigen.

Die Überzeugung, das Alte Testament sei „nur" eine Reise in das Neue Testament, in dem die Angelegenheiten gelöst werden, tröstet uns nicht darüber hinweg. Wie schon angedeutet, ist der Mensch in den eigenen Lebensdramen zu alttestamentlich, um sich daraus zu lösen. Die alttestamentarische Botschaft bleibt trotz der heilsgeschichtlichen Anbindung an das Neue Testament eine Einheit (Görg, 1993, S. 100, 117), die Lebensfragen auf ihre eigene Art anspricht. Wichtig ist aber, sich sowohl von den alttestamentlichen als auch von den momentanen eigenen Problemen zu distanzieren und sie zu transzendieren, was durch kognitive Betrachtung allein nicht erreicht werden kann.

Die Heilige Schrift führt uns schon von sich aus zu holistischem Lernen, das die Aktivität und den Einsatz beider Gehirnhälften voraussetzt. Nicht zuletzt ist die Heilige Schrift ein Buch über Verhältnisse und Beziehungen, die unter dem Gesichtspunkt des Lernens in die Domäne der rechten Gehirnhälfte gehören (Williams, 1986, S. 26), in der grundsätzlich alle ausschlaggebenden Entscheidungen getroffen werden.[2] Im Einklang mit dem edukativen Zweck und der Natur der Botschaft ist die biblische Sprache nicht objektiv, sondern aufrüttelnd und anregend, voller Metaphern, Fantasie und Figuren, die den Leser über rationale Grenzen hinweg beeindrucken. Die pädagogischen und psychologischen Interpretationen schalten den Verstand bzw. die Kognition natürlich nicht aus. Sie stellen aber das kognitive Betrachten zeitweise etwas in den Hintergrund, da eine zu große Betonung der objektivistischen und kühlen Interpretation uns vom Lernen durch das Erleben und Erfahren entfernen würde (Höfer, 2003, S. 27).

In diesem Band werden wir die Geschichte des Tobias kennen lernen, die Parallelen zu unserer eigenen Lebensgeschichte aufweist. Es begegnet uns hier in der Figur eines Engels ein außerfamiliärer Erzieher, der eine wichtige Rolle in der Erziehung des Tobias spielt. Die Funktion von außerfamiliären Erziehern übernehmen häufig Tauf- und insbesondere Firmpaten, aber auch Lehrer und Katecheten sowie Sporttrainer und andere Begleiter. Damit gibt das Buch Tobit eine Reihe von Anregungen für die informellen Erzieher und Erzieherinnen, die insbesondere in der Entwicklung eines jugendlichen Erwachsenen eine Schlüsselrolle übernehmen, in der die Kinder versuchen, selbstständig zu werden und sich von ihrer Primärfamilie langsam entfernen. Das Buch Tobit gibt Gelegenheit, im Rahmen der pädagogischen und psychologischen Interpretation die Herausforderungen der heutigen Erziehung im außerfamiliären Bereich näher zu betrachten.

Manche Erzählungen in der Heiligen Schrift klingen außerordentlich kompliziert. Sie können beim Leser gelegentlich ein Gefühl von unglaublicher Härte und Ungerechtigkeit hervorrufen. Doch, Hand aufs Herz, in der Lebenswirklichkeit begegnet man oft denselben Phänomenen – dem Zerrissensein zwischen dem Schönen und dem weniger Schönen, dem Guten und dem Bösen.

Die Heilige Schrift ist kein Buch über sündenfreie und vollkommene Menschen, sondern eher eines über Sünder und sündhafte Geschichten, Geschehnisse und Zeugnisse. Sie spricht uns gerade deswegen an, weil ihre „Helden" nicht vollkommen sind (Friedman, 2001, S. 89). Keine der menschlichen Gestalten und Figuren in der Heiligen Schrift ist vollkommen, aber jeder einzelne, der aufrichtig mit Gott kommuniziert, wird groß und bedeutend, gesegnet und fruchtbar. Obwohl es in unserem Fall um eine pädagogische und psychologische Interpretation der biblischen Erzählungen geht, können und wollen wir uns nicht über ihre religiöse Dimension hinwegsetzen, ist doch die Heilige Schrift das Buch der Offenbarung Gottes und lehrt uns zuallererst zu glauben. Doch manchmal werden wir vom Text so sehr überwältigt, dass wir die Absicht des Autors vergessen und mit ihm – bewusst oder unbewusst – auf eine Art und Weise kommunizieren, die ursprünglich möglicherweise gar nicht vorgesehen war. So können wir in einem Text mehr entdecken, als vom Verfasser angelegt wurde. Hier kann möglicherweise ein berechtigter Einwand gegen die pädagogische und psychologische Interpretation vorgebracht werden, da mit der Heiligen Schrift keine Sammlung von Erziehungsanweisungen vorliegt. Richtig ist aber auch, dass trotz des Fehlens einer expliziten Absicht entweder die gesamte Heilige Schrift oder wenigstens eine große Anzahl von Texten zahlreiche Erzieher, sowohl Theoretiker als auch Praktiker, inspiriert und deren konkrete, auch erzieherische Entscheidungen bestimmt. Faszinierend ist dabei die Feststellung, wie die religiöse bzw. erlösende Dimension der biblischen Botschaft oft kompatibel ist mit überaus konkreten edukativen Herausforderungen und diese ergänzt.

Im Gegensatz zur häufig geltenden erzieherischen Praxis, wo unkritische Autoren die Heiligen in der Darstellung ihres Lebens unbedingt als unproblematisch und schon in der Darstellung ihrer frühesten Kindheit als „heiligmäßige" Persönlichkeiten charakterisieren, werden in der Heiligen Schrift gerade schwierige und problematische Kinder beschrieben. Sie beschreibt ihre Entwicklung und die Probleme, die die Figuren in ihrem Leben durchlaufen und führt sie erst in der Todesstunde zum Einklang mit sich selbst, mit ihrem Umfeld und mit Gott.[3] Viele biblische Erzählungen verdeutlichen z.B. bildhaft, dass der Mensch niemals so sündhaft ist, dass Gott sich von ihm abwenden würde. „Die größte Überraschung der Heiligen Schrift ist die Offenbarung des göttlichen Gesetzes des Erbarmens und der Versöhnung" (Krašovec, 1999, S. 61). Dies bedeutet keineswegs, dass die Heilige Schrift der Sünde positiv gegenübersteht. Sie befürwortet aber die Größe der göttlichen Liebe, die die Sünde überwindet und durch das Gewissen eines jeden einzelnen, noch so sündigen Menschen zu sich ruft. Die erzieherische Kraft der göttlichen Liebe besteht nicht darin, dass Gott dem Sünder „Schützenhilfe" leistet, sondern darin, dass sie ihm hilft, seine Sünde zu erkennen, sich dazu zu bekennen, und dass sie ihm durch den Bund, das Symbol der Bedingungslosigkeit der Beziehung, und durch das Vergeben immer wieder einen Neuanfang ermöglicht. Beinahe alle derartigen biblischen Beispiele bezeugen, wie der Sünder die Folgen seiner Taten akzeptiert und ihm Gott dabei hilft, diese zu ertragen und zu überwinden. Die Heilige Schrift betont, dass der Mensch mit Gottes Hilfe zu beidem fähig ist: die Folgen der eigenen (manchmal sogar fremden) Taten anzunehmen und das Leben zu ändern. Somit lehrt uns Gott gerade durch sein Wort, wie man „lebt“ und nicht nur „überlebt“.

Die Welt, in die wir geboren sind, ist uns gegeben bzw. geschenkt; wir können sie vor der Geburt nicht ändern. Sie wurde durch unsere Eltern und Vorfahren verändert und von ihnen mitgestaltet.

Auch einige andere Gegebenheiten können wir nicht ändern. Eine Reihe von Dingen, die unser Leben beeinflussen, wird uns vererbt oder auf eine andere Weise gegeben. Sogar einige Charaktereigenschaften sind in hohem Maße geformt, bevor wir uns ihrer bewusst sind und sie möglicherweise ändern können. All dies sind also häufig Umstände, in die wir hineingeboren werden und nicht ausschließlich Resultate unserer Taten. Aber auch diese müssen wir zuerst annehmen, erst danach können wir sie nach Möglichkeit ändern. Darin liegt die Last, aber auch die Chance des Lebens eines jeden einzelnen Menschen. Darum ist das Leben so herausfordernd und dynamisch, so schön und interessant.

DAS BUCH TOBIT

„Heiliger Schutzengel mein, lass mich dir empfohlen sein" ist eines der ersten Gebete, das Kinder in christlichen Familien lernen. Aus der Perspektive der Kinderpsychologie handelt es sich hier um ein außerordentlich willkommenes und positives Gebet, denn es ergänzt und baut grundlegendes und bedingungsloses Vertrauen auf (Höfer, Steiner, 2004, S. 13), das ihnen durch die Eltern vermittelt wird. Kinder drücken damit in einer sehr persönlichen und zwischenmenschlichen Art und Weise ihren Glauben und ihr Vertrauen aus, dass der Engel sie durch Gottes Güte begleitet und auf jedem Schritt ihres Lebens beschützt. Die positive Konnotation der Gebetskommunikation befreit das Kind einerseits von Angstgefühlen, andererseits aber – im Zusammenwirken mit anderen wertvollen Erziehungsfaktoren – übt sie einen starken Einfluss auf die Gestaltung eines positiven Selbstbildes des Kindes aus, denn das Kind fühlt sich mit dem Engel, den es in seine Intimität aufgenommen hat, stärker und fähiger als ohne ihn.[4]

Gemäß der christlichen Erziehungstradition spüren die Kinder, dass sie sich vor den Engeln nicht zu verstecken brauchen. Ihnen können sie alles anvertrauen und mitteilen, was ihnen am Herzen liegt. Engel urteilen und bestrafen nie.[5] Sie verstehen uns immer und beschützen uns durch Gottes Güte. Engel sind immer und bedingungslos auf „unserer Seite".

Wir werden die Rolle der Engel im Leben nicht im theologischen, sondern – gemäß dem Konzept des Buches – im edukativ-psychologischen Sinn erörtern. In diesem Kontext erfüllen den Engelsdienst alle Menschen, denen wir bedingungslos vertrauen können und die für unser dauerhaftes Wohl sorgen. Interessant ist, dass die christliche Tradition nur selten die Eltern zu den Engeln zählt, obwohl sie als Erste berufen und auch am geeignetsten für die Sorge um die Kinder im Sinne eines dauerhaften Wohles sind. Vielleicht liegt der Grund darin, dass die Kinder die Eltern eher mit der „göttlichen Familie“ in Zusammenhang bringen, aber auch mit den ersten Bildern von Gott, die übrigen „Erziehungssubjekte“ bleiben jedoch gewöhnlich weniger definiert und können somit leichter die Rolle von guten Engeln übernehmen. Die Eltern übernehmen in der Beziehung zu den Kindern nämlich eine andere Rolle als die „Engel“, denn sie haben den Kindern gegenüber mehr Verpflichtungen, dadurch aber auch mehr Verantwortung, was schon automatisch in einem großen Maß die Erziehungsmethoden und -prinzipien bestimmt. Die Eltern können – außer im Falle einer Adoption oder Pflege – das Kind nicht auswählen und sie können sich nicht entscheiden, ob sie das Kind erziehen werden oder nicht, sondern sie sind verpflichtet, es zu erziehen. Aber auch das Kind kann sich seine Eltern nicht aussuchen. Die Verwobenheit der Beziehungen zwischen den Kindern und ihren Eltern ist also stärker und intensiver als zwischen den Kindern und den „Engeln“.

Die Kinder wählen sich die „Engel“ gewöhnlich selbst aus oder haben zumindest eine entscheidende Mitsprachemöglichkeit bei der Wahl. Schon in den ersten Bildern der kindlichen Fantasie sind die Engel gewöhnlich Wesen, die sich entschlossen haben, für das Kind zu sorgen. Dieses schließt und erneuert somit mit dem Gebet „Heiliger Schutzengel“ regelmäßig den Bund mit dem Engel, den es sich in der Fantasie ausgewählt hat, aber auch der Engel hat sich entschlossen, gerade für dieses Kind zu sorgen.

Der Definition nach erfüllen in der christlichen Tradition die Rolle der Engel zunächst die Paten, sowohl Taufpaten als auch Firmpaten. Im größeren Kontext sehen die Kinder in dieser Rolle z.B. auch die Lehrerinnen und Lehrer, Katechetinnen und Katecheten, Sporttrainerinnen und -trainer bzw. Erzieherinnen und Erzieher. Im Grunde genommen gehören zu den „Engeln“ alle, die uns beibringen, „zu leben, zu handeln und zu lieben“ und alle, die uns helfen, die Gelegenheiten dafür zu entdecken (Höfer, 2005, S. 107).

In einer außerordentlich geglückten und anschaulichen Form spricht das Buch Tobit über die Rolle der Engel.[6] Weil sich dessen Grundbotschaft auf das jugendliche Heranwachsen bezieht, ist es verständlich, dass der Rolle des Engels im Buch Tobit die Gestalt des Firmpaten am nächsten liegt. Darin kann sich derjenige erkennen, der mit der Jugend arbeitet, in Tobits Sohn Tobias aber, der Jugendliche, der heranwächst und gemäß seiner Entwicklung auch Gesprächspartner außerhalb der Familie sucht.

Das Buch Tobit ist eine Perle der Erzählkunst, in dem historische Erzählelemente mit einem starken religiösen Kern und einer ermutigenden Erziehungstendenz eng miteinander verwoben wurden. Den historischen Hintergrund des achten und siebten Jahrhunderts vor Christus (die assyrische Sklaverei und der Fall der Stadt Ninive) benutzt der Autor nur als Szenario, vor dessen Hintergrund er die einzelnen Lebensgeschichten erzählt. Im Zentrum stehen zwei Familien, die im Exil leben und mehrere Fußmärsche entfernt voneinander wohnen, die aber eine Seelenverwandschaft verbindet, die sich in ihren Empfindungen und in ihrem Glauben sehr nahestehen. Jede dieser Familien hat ein Kind, die erste einen Sohn, die zweite eine Tochter.

Der gesamte Aufbau des Buches fordert geradezu zu einer edukativen Interpretation heraus. Obwohl sich die Eltern beider Familien um eine schöne und tugendhafte Erziehung bemühen, fällt die Schlüsselrolle bei der Befähigung für ein reifes erwachsenes Leben dem Engel und außerfamiliären Erzieher zu, was unter dem Aspekt der heutigen Herausforderungen in der Erziehung dem Buch einen besonderen Reiz verleiht und es sehr interessant macht.

TOBIAS' KINDHEIT UND JUGEND

TOBIT, AUS DEM Stamm Naftali, lebte mit seiner Frau Hanna und dem Sohn Tobias in assyrischer Sklaverei. Für seine religiöse Erziehung sorgte insbesondere seine Großmutter, denn er hatte sehr früh seinen Vater verloren, der in der alttestamentarischen Tradition für die religiöse Dimension des Lebens verantwortlich war.[7]

Als Sklave lebte er in Ninive, wo er sich mit ehrlicher Arbeit Vertrauen erwarb und als Einkäufer für die königliche Familie durch das ganze Land reiste. Einmal bewahrte er bei seinem Freund und Verwandten Gabael in Medien zehn Talente Silber auf. (Tob 1,12-14)

Tobit war ein frommer und mutiger Mensch. Auch in der Sklaverei sorgte er für das religiöse Leben und leistete hingebungsvoll Dienst an den Ärmsten. Seine Liebe zum Nächsten reichte so weit, dass er heimlich die Leichen von Israeliten vergrub, die von den assyrischen Führern erschlagen worden waren, was eine sehr gewagte Tat war. Als ihn jemand anzeigte, erfolgte die Beschlagnahmung seines ganzen Hab und Gut durch den König, es blieben ihm nur „seine Frau Hanna und sein Sohn Tobias" (Tob 1,16-20). Später wurde er verhaftet und man „nahm" ihm auch die Frau und das Kind weg, denn im darauffolgenden Kapitel wird berichtet, wie sie ihm nach dem gewaltvollen Herrschaftswechsel auf dem Thron zurückgegeben wurden. (Tob 2,1)

Wenn die Eltern erblinden ...

Nach der Änderung der Herrschaftsverhältnisse erhielt Tobit wieder die frühere Stellung zurück. Die Haft und andere Formen der Erniedrigung hatten ihn nicht gebrochen und ihn nicht seiner starken Liebe für die Armen beraubt.

„Als ich heimkehrte und meine Frau Hanna und mein Sohn Tobias mir wiedergeschenkt waren, veranstaltete man mir zu Ehren am Pfingsttag – dem Fest der sieben Wochen – ein Festmahl. Ich setzte mich zu Tisch; als ich aber die vielen Speisen sah, sagte ich zu meinem Sohn: ‚Geh zu unseren Brüdern, und wenn du einen Armen findest, der dem Herrn treu geblieben ist, bring ihn her; ich warte auf dich.‘ Er kam zurück und sagte: ‚Auf dem Marktplatz liegt einer von unserem Volk, den man erdrosselt hat.‘ Ich sprang auf, noch ehe ich etwas gegessen hatte, und verbarg den Toten bis zum Sonnenuntergang in einer Hütte. Nach meiner Rückkehr wusch ich mich und aß voller Trauer mein Mahl. Ich erinnerte mich an das Wort des Propheten Amos: ‚Eure Feste sollen sich in Trauer verwandeln und alle eure Freudenlieder in Totenklage.‘ Und ich begann zu weinen. Nach Sonnenuntergang ging ich hinaus, um ein Grab zu schaufeln, und begrub den Toten. Meine Nachbarn aber sagten hämisch: ‚Er hat schon gar keine Angst mehr, wegen dieser Tat hingerichtet zu werden. Eben erst hat er fliehen müssen, und schon begräbt er wieder die Toten‘“. (Tob 2,1b-8)

Tobias lebte also unter schwierigen Bedingungen, trotzdem erlebte er aufrichtige und intensive familiäre Beziehungen. Er wurde geliebt und geachtet. Bis zu diesem Zeitpunkt gab es keinerlei Anzeichen von familiären Spannungen oder sogar Konflikten oder Streitigkeiten. Im Gegenteil, der biblische Text scheint zu vermitteln, dass sich die Familie in den Schwierigkeiten noch stärker miteinander verbunden fühlte.

Bislang hatte Tobias den Eltern vermutlich kein Kopfzerbrechen bei der Erziehung bereitet. Auch unter widrigen Umständen arbeitete er mit dem Vater eifrig und hingebungsvoll zusammen. Man kann keinerlei Anzeichen des Widerstandes gegen die Eltern oder kindlicher Aufmüpfigkeit entdecken. Der Anweisung, die der Vater seinem Sohn vor dem Pfingstmahl gab, zeigt aber, dass das Kind zunehmend erwachsener wurde. Dementsprechend vertraute ihm der Vater alle wichtigeren Aufgaben an. Die Suche nach Armen bedeutet das Öffnen von Haustüren und von familiären Rahmen sowie das Zulassen der Sozialisierung des Kindes in einer größeren Gesellschaft.

Tobias erfüllte die Aufgabe noch über die an ihn gestellten Erwartungen hinaus. Er versetzte sich so sehr in die Rolle und Seele des Vaters, dass er den väterlichen Auftrag „brach" bzw. übertraf, denn er wusste, wie der Vater fühlte und wie er in ähnlichen Situationen reagiert hätte. Obwohl aus dem Kontext ersichtlich ist, dass in diesem Fall die Empathie nicht schwierig war, kann im Hinblick auf das Vertrauen daraus gefolgert werden, dass Tobias sich in einer Phase befand, in der er sich dem Vater sehr verbunden fühlte und sich von ihm noch nicht „trennte". Zugleich war er aber schon sehr verantwortungsbewusst und zu anspruchsvolleren Aufgaben fähig, was für das vorpubertäre Empfinden und Handeln durchaus typisch ist (Caissy 1994, S. 47). Seine Hingabe war genauso typisch für die Entwicklungsphase, in der er sich zu diesem Zeitpunkt befand, denn er versuchte sich beim Vater beliebt zu machen und ihm zu zeigen, dass er ihn verstand, dass „die Pläne des Vaters auch die Pläne des Sohnes sind" und dass er bereit war, für ihn alles zu tun.

Auch der Vater verhielt sich seinem Sohn gegenüber außerordentlich aufopferungsvoll und wollte es ihm in allem recht machen, ungeachtet der Gefahren und des Risikos. In seinem

Inneren erlebte und versicherte er sich, wie er immer für ihn sorgen und ihn nie verlassen würde. Alles für das Kind, das war sein Lebensmotto, obwohl er manchmal spürte, wie anstrengend und ermüdend diese Haltung war.

„Als ich ihn begraben hatte und in der Nacht nach Hause kam, legte ich mich an der Hofmauer zum Schlafen nieder, weil ich unrein geworden war. Mein Gesicht ließ ich unbedeckt, ohne auf die Sperlinge zu achten, die in der Mauer nisteten. Da ließen die Sperlinge ihren warmen Kot in meine offenen Augen fallen, und es bildeten sich weiße Flecken in meinen Augen. Ich ging zu den Ärzten, doch sie konnten mir nicht helfen." (Tob 2,9-10)

Die Fortsetzung der Erzählung ist stark in das natürliche Umfeld eingebunden, was einerseits der Geschichte einen Realitätscharakter verleiht und zu einer Steigerung der Dramatik beiträgt, andererseits aber indirekt darauf hinweist, dass hinter diesem Ereignis etwas steckt, was erst noch reflektiert werden muss und sich dann herauskristallisieren wird.

In Familien mit harmonischen und unproblematischen Beziehungen können plötzliche Veränderungen großes Erstaunen hervorrufen und auch schon mal dazu führen, dass wir aus der Bahn geworfen werden. Wir reagieren auch bereits auf kleinere Verhaltensveränderungen recht empfindlich und werden von ihnen mehr getroffen, als wir uns das bis dahin gedacht hätten.

Als Tobit endlich Gelegenheit bekam, innezuhalten und sich von der anstrengenden Arbeit auszuruhen, setzten die Sperlinge ihren Kot in seine Augen ab. Eine zufällige und ansonsten auch nicht ungewöhnliche Begebenheit, die uns trotzdem zu einer Suche nach der tieferen Symbolik und der „verborgenen" edukativen Bedeutung veranlasst.

Denken wir mal daran, welches das erste Wort ist, das wir (mehr oder weniger) laut aussprechen, wenn uns etwas schiefgeht, wir irgendwo anstoßen oder sonstwie von einem Schmerz überrascht werden. Wahrscheinlich nicht „Kot", obwohl es sich um dieselbe inhaltliche Bedeutung handelt. „Scheiße" ist in vielen Sprachen das am häufigsten verwendete, erste und völlig „natürliche Fluchwort" als Reaktion auf einen überraschenden und nicht besonders tragischen Schmerz. Interessant ist, dass gerade dies dem Vater Tobit die Augen verschließt und ihm das Augenlicht nimmt.

Was kann uns diese Erzählsequenz vermitteln, wenn wir uns – in einer etwas gewagten Hypothese – den „eigenen" Tobias in der Rolle des Sperlings vorstellen?

Wir Eltern leben und arbeiten lange Zeit für unser Kind. Es erwidert unsere Liebe, hört uns zu und gehorcht uns, vertraut uns und sagt uns alles, nimmt empathisch unsere Gedanken und Wünsche auf und erfreut uns grenzenlos mit seiner hingebungsvollen Nähe. Wir Eltern können seiner Fantasie oft kaum folgen und verstehen auch manchmal die Signale, die es aussendet, mit denen es seine Liebe und sein Bedürfnis nach unserer Nähe ausdrückt, nicht richtig.

Doch das Kind wächst heran und verändert sich. Wir begleiten es und mit dem Auftreten der ersten jugendlichen Anzeichen machen wir uns immer größere Sorgen. In der Hoffnung, das Kind würde schlafen, gönnen wir uns gelegentlich – mehr oder weniger mit offenen Augen – ein wenig Ruhe. Vielleicht sind wir dann wie Tobit überrascht, wenn wir eine Reaktion des Kindes erleben, die wir weder erwartet haben noch verstehen und augenblicklich wird uns „dunkel vor den Augen". Vielleicht sprechen wir das Wort „Scheiße" nicht aus, wir bekommen es aber mit seiner Bedeutung zu tun, die uns zumindest für einige Zeit den Blick verstellt.

Die edukative Botschaft des beschriebenen Ereignisses liegt also darin, dass wir uns während des Heranwachsens des Kindes daran „gewöhnt" haben, das Kind im Blick zu haben. Es erscheint uns völlig normal zu wissen, wo es ist und was mit ihm geschieht. Für die Kindheit sind unsere Augen gut genug, sodass wir uns nicht ständig Sorgen machen brauchen. Mit dem Eintritt in das jugendliche Alter ändert sich aber die gesamte Situation, manchmal auch so schnell und überraschend, dass wir den Blick – die Sicht, die Augen – verlieren. Gelegentlich handelt es sich um Reaktionen des Kindes, die wir bislang nicht gewohnt waren, manchmal stellen wir auf andere Art und Weise fest, dass wir nicht genügend gute Augen haben, um das Kind überallhin begleiten zu können. Ab und zu macht uns eine Reaktion auch so blind, dass wir durch sie das eigene Kind nicht mehr erkennen und uns überrascht fragen, ob dies überhaupt noch „mein" bzw. „unser" Kind ist. Soweit der Spruch „die Augen sind das Fenster zur Seele" (O'Connell, 1998, S. 44) gilt, „erblinden" die Eltern auf jeden Fall. Viele pubertäre Reaktionen sind nämlich einfache und natürliche Formen der „Scheiße", die uns durch den Abschied von der Kindheit und den Eintritt in das jugendliche Heranwachsen Sorgen macht und uns den Zugang zur Intimität des Jugendlichen versperrt haben. Dabei gibt es für die Eltern keine Methode, um diesen Zugang offen zu halten. Wenn sie es dennoch schaffen, dann schaden sie dem Kind mehr als dass sie ihm nützen. Denn eine wichtige und natürliche Dimension der Individualisierung in der Phase des jugendlichen Heranwachsens liegt gerade darin, dass sie selbstständig werden und sich von den Eltern auch nicht in die Seele blicken lassen wollen (Caissy, 1994, S. 36).

… sind die Engel an der Reihe

Mit dem Heranwachsen des Kindes verlieren die Eltern ihren direkten Einfluss auf sie und überlassen sie den „Engelsaugen". Deswegen ist es wichtig, diesen Momenten nicht auszuweichen, sondern rechtzeitig dafür zu sorgen, dass dem Kind genügend „Engel" zur Seite stehen, denen es sich in dieser dynamischsten und allgemein anstrengendsten Phase seiner Entwicklung anvertrauen kann.

Die so genannte offene Gesellschaft kennt einerseits keine Tabus und erlaubt das Gespräch über alle, auch intime Fragen, andererseits aber degradiert sie die intime Kommunikation auf eine technische Ebene und entwertet dabei den Menschen. Trotzdem kommt es vor, dass es den Eltern peinlich ist, mit den heranwachsenden Töchtern und Söhnen über das Intimleben zu reden. In solchen Fällen ist es besser, wenn die Eltern wohlüberlegt „Engel" suchen, die in ihrem Namen den Jugendlichen Gelegenheit geben können, auf gleicher Augenhöhe über Themen zu sprechen, die ihnen inhaltlich und „technisch" mehr oder weniger schon lange bekannt sind (Caissy, 1994, S. 23), anstatt sie zu ignorieren und ihnen auszuweichen.[8] Häufig unterhalten sich die Jugendlichen lieber mit den „Engeln" und können mit ihnen offener über initime Frage sprechen als mit den Eltern. Außerdem sind die Familienbeziehungen in der Phase des jugendlichen Heranwachsens nicht selten angespannt und belastet, was das Bedürfnis nach Eintritt von außerfamiliären Erziehern in die Welt des Jugendlichen noch zusätzlich unterstützt.

„Blinde" Gespräche und Ratschläge

Vielleicht befinden wir uns als Eltern ab und zu in einer Situation, in der uns unsere Tochter oder unser Sohn arrogant zurückweist, weil wir versucht haben, ihr oder ihm in der pubertären Phase vermeintlich kluge Ratschläge zu erteilen. Es kommt vielleicht vor, dass wir unseren Sohn oder unsere Tochter, bevor er oder sie sich auf den Weg zur Schule oder ins Internat macht, eindringlich und insistierend fragen, ob er oder sie alles dabei hat, nicht doch vielleicht etwas vergessen hat, bestehen vielleicht darauf, dass für den Fall der Fälle alles noch einmal durchgesehen und genau überlegt werden soll. Nebenbei tragen wir ihm oder ihr noch auf, auf sich aufzupassen und machen auf die Gefahren aufmerksam, die überall lauern könnten. Der Junge oder das Mädchen aber antwortet in der Tür stehend auf die Hinweise mechanisch mit „Ja, Mami" oder „Nein, Mami" (wenn er oder sie sich mal irrt, wird es nicht bemerkt und der Automatismus setzt sich fort) und kann es kaum erwarten, dass wir endlich damit aufhören. Darauf kommt die scheinbar uninteressierte Frage: „Bist du schon fertig? Kann ich jetzt gehen?" Enttäuscht über das arrogante Verhalten beschließen wir möglicherweise, das nächste Mal bestimmt ruhig zu sein und keine Ratschläge mehr zu erteilen, denn es wird ja sowieso nicht zugehört, aber auch eine glückliche Reise werden wir nicht wünschen, soll er oder sie doch ohne Abschied das Haus verlassen, denken wir vielleicht … Diese Vorsätze aber setzen wir viele Male nicht um und die Angelegenheit wiederholt sich mehrfach. Schaffen wir es aber doch einmal, auf das gewohnte Abschiedsritual zu verzichten, bemerken wir vielleicht, wie der Jugendliche „um uns herumschleicht" und „in der Tür steht", als würde er erwarten, dass wir mit der bisher gewohnten „Litanei" begännen.

Zweifellos ist die Frage nach einer passenden Strategie für die Kommunikation mit einem Jugendlichen gerechtfertigt, doch ungeachtet der Antwort können wir überzeugt sein, dass die Jugendlichen eine aktive Kommunikation von Seiten der

Eltern brauchen, auch wenn es nach außen hin anders wirkt. Spannungen zwischen den beiden Generationen in der Zeit des jugendlichen Heranwachsens sind wichtig und gesund, sowohl für die Jugendlichen als auch für die Erwachsenen.[9] Es ist aber nicht zwingend notwendig, dass die Spannungen zu dramatischen Verbalattacken führen müssen. Ungeachtet der Reaktionen der Jugendlichen ist es dennoch von großer Bedeutung, dass die Eltern für die Kommunikation mit der jüngeren Generation verantwortlich und „verpflichtet" sind, ihre Wertesysteme den Kindern zu vermitteln und dadurch für eine Auswahlmöglichkeit zu sorgen.

Das Buch Tobit teilt anschaulich mit, dass wir gerade dann besonders eifrig und bemüht um die Erziehung sind, wenn wir „erblinden" und den Kontakt zu unserem Kind verlieren. Einerseits ist dies verständlich, werden wir doch wegen der „Blindheit" aus Angst und Sorge um das Kind getrieben, andererseits ist aber das jugendliche Heranwachsen trotz der anstrengenden und gelegentlich schroffen Kommunikation ein idealer Lebensabschnitt für die Behandlung von grundlegenden Fragen.

Ein Schatz aus der Jugend für die Jugend

Tobit begann schon in der Jugend mit den Vorbereitungen für seine „Abschiedsrede".

Hinter den zehn Talenten, die er bei seinem Freund Gabael aufbewahrt hatte, verbargen sich seine Jugendjahre. Als er erwachsen wurde und seine Familie gründete, wurden die Straßen, die in die Vergangenheit führten, gefährlich und anstrengend, weswegen er zu den Freunden aus der „Vergangenheit" nicht mehr zurückkehrte und sich stattdessen völlig der Sorge für die Familie widmete.[10] Die „Unruhe" in seiner Lebens- und Gefühlswelt kann auch als seine bewusste Erkenntnis, sich vom jugendlichen Lebensstil zu verabschieden, gedeutet werden. Es ist „gefährlich“, als Jugendlicher leben zu wollen, nachdem man die eigene Familie gegründet hat. Als inzwischen erwachsener Ehemann und Vater verspürte er, dass er nun andere Lebensaufgaben zu erfüllen hat, die nach einem neuen Lebensstil verlangen. Er war sich offenbar der Tatsache bewusst und freute sich darüber, dass er die Jugend so gut verbracht hatte, dass sich ihre Qualität bei den „alten Freunden“ bis in die nächste Generation erhalten hat. Tobits jugendliche Freundschaftsbeziehungen waren ehrlich und aufrichtig, deshalb sandte er jetzt seinen Sohn Tobias auf den Weg ohne sich Sorgen zu machen. Er sollte dieses aufbewahrte Geschenk wiederfinden und sich dabei auch den Mut für eigene Entscheidungsfindungen aneignen.[11] Mit dieser Szene vermittelt die Heilige Schrift in anschaulicher Weise, wie man Kinder erzieht bzw. wie man Bedingungen für ihr gesundes Heranwachsen schon dadurch schafft, dass man seine eigene Jugend gut verbracht hat.

Wenn die Kinder heranwachsen und sich für unsere „Jugend“ zu interessieren beginnen, können wir ihnen unsere eigenen Erfahrungen, wie ein bei Freunden aufbewahrtes Geschenk anbieten, das wir nicht verbergen müssen oder für das wir uns nicht zu schämen brauchen. In der Kommunikation mit den Kindern beurteilen wir unsere Jugend gewöhnlich nicht, sondern wir sprechen darüber unbelastet, was ihnen einen offenen Weg zu weiteren Forschungen und der Kommunikation mit „unserer“ Generation eröffnet. In den Gesprächen mit „unserer“ Generation dringen die Jugendlichen in die Geheimnisse unserer Jugend ein und erkennen durch das Entdecken von tugendhaften Botschaften das Geschenk, das wir schon damals aufbewahrt und gerade für sie bestimmt hatten. Die Jugendlichen interessieren sich normalerweise nicht für die wirtschaftlichen oder wissenschaftlichen Erfolge der Eltern. Jedoch folgen Jugendliche den Anweisungen und Ratschlägen der Eltern lieber und aufmerksamer, wenn sie erkennen, dass die Eltern selbst ihre eigenen Jugendjahre im Zeichen eines guten, ehrlichen und ethischen Lebens gelebt haben und sie so als Schatz bewahren konnten, der es Jugendlichen leichter macht, in Anlehnung daran den Anweisungen und Ratschlägen ihrer Eltern zu folgen.

Tobit besiegte trotz der Tragik seiner Blindheit und anderer Schmerzen, unter denen er zu leiden hatte, den Pessimismus und die Verzweiflung, formulierte positive Lebensleitsätze und gab sie – als die letzten und wichtigsten – seinem Sohn weiter. Wegen der darin liegenden Bedeutung des Augenblicks gibt ihnen die Heilige Schrift den Status eines Testaments und somit einer entscheidenden Kommunikation. Angesichts der Krankheit und der Umstände war es verständlich, dass sich Tobit dementsprechend schlecht fühlte, doch im symbolischen Kontext gelten ähnliche „Sterbensgefühle“ für alle Eltern, die den Kindern noch die „letzten“ Lebenshinweise geben, obwohl sich später noch weitere Gelegenheiten ergeben, sie zu wiederholen.

Trotz der widrigen Umstände klangen Tobits Anweisungen optimistisch und selbstbewusst. Sie gaben nicht den Eindruck von Angst oder Furcht um den Sohn wieder, obwohl er ihn nicht mehr „sehen“ konnte. Doch aus den detaillierten ethischen, moralischen und religiösen Anweisungen ist die Sorge um den Sohn und das Vertrauen in ihn deutlich abzulesen.[12] Der Vater Tobit zweifelte nicht daran, dass der Sohn die ihm erteilten Ratschläge nicht erfüllen würde; er übermittelte sie ihm im Bewusstsein, dass er ihrer würdig sei und dass sie ihm zur Orientierung im Leben dienen würden.

Die Suche nach dem „Engel"

Der Sohn Tobias hörte dem Vater aufmerksam zu, doch nach dem Testament fühlte er sich recht unsicher und hilflos. Das Geschenk des Vaters erschien ihm reizvoll und würdig, doch er fürchtete sich vor so einer langen und anstrengenden Reise, die zu den grundlegenden Erkenntnissen führen sollte, die ihm der Vater vermachte. Außerdem zweifelte er an der eigenen Überzeugungskraft und suchte zusätzliche Absicherungen, um das gewünschte Geschenk auch bekommen zu können.[13]

Was das Recht auf das Geschenk betraf, darum machte sich der Vater keine Sorgen, denn er war im Besitz einer Bestätigung, die die damals jungen Freunde Tobit und Gabael beim Abschied einander anvertraut hatten.[14] Der Vater war in jungen Jahren mit aufrichtigen Freunden verkehrt und befürchtete hier keinen Vertrauensmissbrauch. Die Angst vor der Reise nahm er Tobit dadurch, dass er ihm empfahl, sich einen Begleiter zu suchen – einen Engel –, der alle Eigenschaften eines Firmpaten in der heutigen christlichen Zivilisation besaß.[15]

Auf den Rat des Vaters hin, dass es sich um einen „verlässlichen" Menschen handeln sollte, wählte ihn Tobias selbst aus.[16] Nachdem er ihn ausgewählt und alle nötigen Informationen über dessen Fähigkeiten, Talente und Begabungen eingeholt hatte und auch dessen Einwilligung zur Aufnahme des „Dienstes" bzw. des Aufrags bekommen hatte, teilte Tobias dem Vater seine Entscheidung mit. Nach der Erzählung hatte Tobias den für die Aufgabe bestgeeignetsten Menschen gefunden, der auch den Weg kannte und der sich in Tobias' „Zukunft" völlig heimisch und gefestigt fühlte. Aber auch der Seele nach waren sie sich nahe, denn er stammte von den Söhnen Israels ab. Auch der „Engel" strahlte vor Freude über die Auswahl, denn er war gerade auf der Suche nach einem „Dienst" gewesen. Angesichts der Fähigkeiten und der Erfahrungen war die Begleitung von Tobias eigentlich die bestmögliche Wahl.[17] Tobias und der „Engel" waren also über einander sehr froh, was auch für die Auswahl des Firmpaten bzw. der Firmpatin überaus empfehlenswert ist.

Als der Sohn zum Vater ging, um sich zu beraten, drängte ihn der „Pate", als spürte er, dass es für Tobias nicht gut wäre, wenn er das Erwachsenwerden und die Verwirklichung von Lebensentscheidungen zu lange hinauszögern würde.[18] Dem Sohn erschien es wichtig, über die Wahl auch mit dem Vater zu sprechen. Kinder, die von ihren sorgsamen Eltern geachtet werden, stellen diesen gerne ihre „Engel" vor (Caissy, 1994, S. 85), ungeachtet dessen, in welcher Gestalt sie auftreten und für welche Rolle sie ausgewählt wurden. Sie glauben nämlich, dass auch die Eltern sie achten werden, deswegen brauchen sie ihre Freunde nicht zu verstecken. Den Erwartungen entsprechend, nahm auch Tobit die Vorstellung des Begleiters durch den Sohn ernst und wollte sich mit dem Begleiter auch noch direkt unterhalten.[19] Der Vater interessierte sich nicht für seine Fähigkeiten, Talente und Begabungen – dies gehörte zu den Kompetenzen des Sohnes –, sondern mehr für seinen Stammbaum bzw. seine Familie. Dafür interessierten sich beide, der Vater und der Sohn, obwohl der Vater bei dieser Frage interessierter nachfragte. Der „Engel" wunderte sich anfangs und wich der Frage sogar aus. Durch dieses Verhalten unterstreicht die Heilige Schrift, dass sich der „Engel" über die Bedeutung des Auftrags, den er gerade angenommen hatte, sehr wohl bewusst war. Zugleich aber verband Asarja, wie sich der Begleiter vorstellte, seinen Auftrag von Anbeginn an existenziell mit dem „Engelsdienst", weswegen ihm diese Dimension wichtiger war als die seiner Wurzeln.[20]

Tobias hatte sich also seinen „Paten" selbst ausgewählt, doch bestätigt wurde dieser vom Vater bzw. der ganzen Familie. Da der Vater das Umfeld und den Familienstammbaum des „Paten“ kannte, überließ er ihm mit dem Gefühl der Verantwortung, der Achtung und eines tiefen Vertrauens die außerfamiliäre Erziehung seines Sohnes. In diesem Teil der Geschichte Tobits und Tobias’ wird erneut das immer noch aktuelle Thema behandelt, dass es nicht am wichtigsten ist, wann und wohin, sondern vor allem, mit wem sich die Jungen auf den Weg des Heranwachsens und der außerfamiliären Sozialisierung begeben.

Vom erzieherischen Standpunkt aus betrachtet, hat das häufige Erwähnen des Lohnes sowohl durch den Sohn als auch durch den Vater sicher auch eine wichtige Bedeutung. Unabhängig voneinander sprachen sie dieses Thema an, obwohl sich vermutlich der Sohn darüber im Klaren war, dass der Vater auch an die Deckung der Kosten dachte. Dieses „Detail“ lässt auf eine aufrichtige und ehrliche, respektvolle und vertrauensvolle Beziehung zwischen Vater und Sohn schließen. Tobias vertraute dem Vater und fühlte sich gleichzeitig auch auf diesem Gebiet selbstständig, wo es sich um die Kompetenzen des Vaters handelte, der Vater aber bestätigte empathisch die Versprechungen des Sohnes und unterstützte sie noch zusätzlich. Interessant ist, dass der Engel auf die Erwähnung des Lohnes gar nicht reagierte, was als deutlichstes Zeichen dafür gewertet werden kann, dass er seinen Engelsauftrag nicht mit Geld verband.

TOBIAS' WEITERE ENTWICKLUNG UND SEINE VORBEREITUNG AUF DIE EHE

Tobias' Mutter fiel der Abschied von ihrem Sohn sehr schwer. Der blinde Vater hatte einen größeren Weitblick als die gesunde Mutter, die in Angst um ihren Sohn war und ihn bei sich behalten wollte, damit er „für beide" sorgen und nicht an seine Zukunft denken würde. Ähnlich wie Abraham hätte die Mutter diesmal ihren Sohn lieber „schlachten" wollen, als ihn in das Leben und die Selbstständigkeit ziehen zu lassen, obwohl er von einem Engel begleitet wurde.[21]

Um ihren Forderungen, Wünschen und Sehnsüchten stärker Nachdruck zu verleihen, wandte die Mutter eine schlaue Strategie an. Sie warf dem Vater bzw. ihrem Ehemann vor, den Sohn wegen des Geldes in die Welt geschickt zu haben. Es stimmte zwar, dass Tobias vordergründig fortzog, um den Geldbetrag abzuholen, doch auch ihr war klar, dass der Sohn den hinterlegten Betrag nicht holen geht, um ihn nach Hause zu bringen, sondern, um – wie es der Vater ausdrücklich betonte – davon sein Leben zu bestreiten (Tob 4,20). Durch sein selbstloses, manchmal geradezu naiv edles und aufopferndes Leben hatte Tobit bisher deutlich genug gemacht, dass man ihm keine Geldgier vorwerfen könne. Doch im Kontext der Überlieferung, der „männlichen" Lebenssicht, war dies für sie trotzdem ein angemessenes Mittel, um ihren Mann schlechtzumachen und Druck auf ihn auszuüben.

Die erkrankten Augen waren für den Vater noch eine zusätzliche Motivation, auf die Reise seines Sohnes besonders zu beharren, denn er hatte den Generationskonflikt deutlicher erlebt als die Mutter und somit deutlicher das Bedürfnis des Sohnes nach Selbstständigkeit verspürt. Auch er hatte Angst und machte sich Sorgen um den Sohn, doch insgeheim war er davon überzeugt, dass der Weg in die Zukunft einzig und allein über das Risiko führt, weswegen er den Sohn dem Engel anvertraute, obwohl der kein Familienmitglied war.

Das Sammeln von und das Lernen durch Erfahrungen

Erfahrungen, die über das Familienleben und das Lernen innerhalb der Familie hinausgehen, können Jugendliche nur dort machen, wo sie nicht mehr dem Einfluss der Eltern unterliegen und wo es keine direkte Unterstützung durch die Eltern gibt. In größeren Familien können sich Jugendliche als „Brüder und Schwestern" sozialisieren, indem sie gemeinsam „ausgehen" und als Gruppe oder Teilgruppe funktionieren und aufeinander achtgeben. So manches Mal begeben sie sich in die Sozialisierungsprozesse als „Brüder und Schwestern". Angesichts dessen, dass es immer mehr Familien mit einem oder zwei Kindern gibt, wächst aber die Bedeutung von Generationsgruppen, die schon in den Kinderjahren gebildet werden.

Eine der Unzulänglichkeiten dieser Gruppen ist die Instabilität bzw. die Vorläufigkeit, denn mit dem Übertritt in die weiterführenden Schulen lösen sich diese Gruppen auf oder verändern sich. Unter dem Aspekt der Sozialisierung spielen ganz sicher informelle und ortsgebundene Gruppen eine große Rolle, insbesondere katechetische Gruppierungen, Sport- und Kulturvereine und andere freiwillige Vereinigungen, die eine Vielzahl an Möglichkeiten und Herausforderungen für das Lernen durch Erfahrungen bieten.

Ein weiterer Nachteil zahlreicher Generationsgruppen liegt darin, dass sie gewöhnlich keine „Engel" haben, denn die Jugendlichen verkehren untereinander ohne „Anführer". Anders ist es bei den erwähnten informellen, jedoch trotzdem organisierten Gruppen und Vereinigungen mit einer gewissen institutionellen Struktur, die auch Leiterinnen oder Leiter bzw. „Engel“ miteinschließen. Für das Sammeln von Sozialisierungserfahrungen ist das Mitwirken von „Engeln“ nämlich von essenzieller Bedeutung.

In Verbindung mit dem persönlichen Heranwachsen und der Befähigung für dauerhafte „Ich-du-Beziehungen“ bzw. Partnerbeziehungen wird der inhaltlichen Definition nach die Hauptrolle von einer solchen oder anderen Form der Patenschaft übernommen, was in der Fortsetzung der Erzählung metaphorisch behandelt wird.

„Da brachen die beiden auf und der Hund des jungen Tobias lief mit.“ (Tob 5,17)

Tobias begab sich auf die Abenteuerreise des Erwachsenwerdens ohne Eltern, aber auch ohne Geschwister. Er wurde vom Engel und einem Hund begleitet.

Interessant ist, wie die Heilige Schrift das wachsende und dauerhafte Vertrauen zwischen dem Jugendlichen und dem Engel dadurch verdeutlicht, indem sie einen die beiden begleitenden Hund als Symbol für die Treue in die Erzählung einbaut, eine scheinbar unbedeutende, doch im erzieherisch-psychologischen Sinn außerordentlich wichtige Figur.[22] Als Symbol der Treue bezeugt der Hund auch eine Art Überwindung der Abhängigkeit Tobias' vom Engel, denn die Treue wird aufgrund einer bewussten und selbstständigen Überlegung versprochen. Nur ein bewusstes, selbstständiges und ungezwungenes Versprechen kann dauerhaft sein. Somit begaben sie sich als „Freunde“ auf den Weg, die sich zu einer dauerhaften Treue entschlossen haben, nicht im Sinne einer Partnerschaft, sondern im Sinne der gegenseitigen Hilfe und des selbstlosen Mitwirkens bei der Überwindung von Hürden auf der Wanderung des Lebens.

„Die beiden kamen auf ihrer Reise abends an den Tigris, wo sie übernachteten. Als der junge Tobias im Fluss baden wollte, schoss ein Fisch aus dem Wasser hoch und wollte ihn verschlingen. Der Engel rief Tobias zu: ‚Pack ihn!' Da packte der junge Mann zu und warf den Fisch ans Ufer." (Tob 6,1-3)

Nach dem ersten Reisetag suchten sich Tobias und sein Engel einen geeigneten Platz zum Übernachten. Bis zu ihrer Rückkehr wird der Hund nicht mehr erwähnt. Dadurch unterstreicht die Heilige Schrift dessen Rolle als Treuesymbol in dem Sinn, als Tobias sich zu diesem Zeitpunkt schon so sehr mit dem Engel verbunden hatte, dass die Treue zu einer selbstverständlichen und natürlichen Lebenseinstellung geworden ist.

Interessant ist, dass der Text Tobias hier nicht namentlich nennt, sondern ihn als „jungen Mann" bezeichnet. Es ist nicht ausgeschlossen, dass die Heilige Schrift damit absichtlich seine Jugend hervorhebt und ihn somit gemäß der Symbolkraft des Flusses vor neue Herausforderungen des Erwachsenwerdens stellt. Voller jugendlicher Kraft und Energie, die in den Reaktionen gewöhnlich die Erwachsenen und sogar „Engel" überflügelt, begab sich Tobias vor Rafael ins Wasser. Obwohl die Heilige Schrift scheinbar klar argumentiert, wieso sich „der junge Mann" ins Wassser begab („Als der junge Tobias im Fluss baden wollte"), ist in dieser Handlung zweifellos Tobias' Wunsch nach der Entdeckung von neuen Lebensbereichen und Erkenntnissen verborgen.[23] Nach der überstandenen Gefahr versuchte sich der „junge Mann" wahrscheinlich tatsächlich darauf rauszureden, dass er nur „baden gehen wollte", doch wir wissen, dass in der Jugend beinahe alle Reaktionen und Handlungen mehrere Dimensionen und verschiedene Motive haben. Hinter noch so alltäglichen Aktionen verbirgt sich der Wunsch nach einer neuen Erfahrung, weswegen der Jugendliche sogar die einfachsten Angelegenheiten nicht einfach regelt, sondern sie zusätzlich verkompliziert, weil ihn nämlich einfache Lösungen nicht interessieren und keine Herausforderung darstellen. So kann vermutet werden, dass Tobias als junger Mann die Umwelt erforschte und dabei in große Gefahr geriet.

Vergessen wir für einen Augenblick die Interpretation, bleiben wir beim biblischen Bild und stellen wir uns anhand dessen die Frage, wie die Eltern an Stelle des Engels reagiert hätten. Wie würde also der Vater reagieren oder was würde die Mutter sagen, würden sie den Sohn bzw. die Tochter dabei beobachten, wie er oder sie von einem großen Fisch angegriffen würde?

Wahrscheinlich würden sie schon präventiv handeln und dafür sorgen, dass der Sohn in keine gefährliche Situation geriete. Viele Eltern wissen aus eigenen Jugenderfahrungen, wie „gefährlich" die Welt ist … und sind überzeugt, dass die Kinder nicht so „vernünftig" sind, wie sie selbst es in diesen Jahren waren, weswegen sie ihnen nicht die gleichen Erfahrungen gönnen.[24] So binden sie die Kinder an sich und üben aus Sorge, ihnen könne etwas zustoßen, Kontrolle über sie aus und engen den für ein gesundes Heranwachsen notwendigen Lebensraum ein.[25] Wenn es aber dem Sohn doch gelänge zu entwischen, sprängen sie unter solchen Umständen – vielleicht sogar wortlos, um ihn nicht zu erschrecken – selbst ins Wasser und würden den Kampf mit dem Fisch aufnehmen, um ihn zu schützen. Im Extremfall, wenn sie zu weit weg wären und nicht helfen könnten, würden sie wahrscheinlich hysterisch losschreien: „Renn weg, ein Fisch greift dich an!"

Rafael, der weder Vater noch Mutter war, sondern ein „Engel", handelte in dieser gefährlichen Situation ganz anders. Er leistete sich eine Haltung und Reaktion, zu der keiner der Eltern fähig gewesen wäre, und rief dem Jungen zu: „Pack den Fisch! Bestehe die Prüfung! Schau der Gefahr ins Gesicht und bewältige sie!"

Der Engel kannte den Jungen und auch seine Fähigkeiten. Er wusste auch, dass er im Heranwachsen lernen muss, die Schwierigkeiten selbstständig zu bewältigen. Auch den Eltern ist dies alles im Prinzip bekannt, doch normalerweise haben sie die Kinder „zu gern", um ihnen so viel Schmerz zuzumuten. Als Engel, der sich gegenüber Tobias eine andere Beziehung aufgebaut hat als die Eltern, konnte er dem Jugendlichen Lebensperspektiven erschließen, zu denen die Eltern trotz der aufrichtigen Liebe nicht fähig waren, und er begleitete den Jugendlichen in Bereiche, die für die Eltern unzugänglich waren. Dadurch „bot" Rafael als Engel Tobias den Fisch nicht an, sondern er brachte ihm bei, Fische zu fangen; er bewältigte die Schwierigkeiten nicht an seiner Stelle, sondern brachte ihm bei, die Probleme und Lebensfragen eigenständig zu lösen; er leistete ihm keine Schützenhilfe und erlaubte ihm nicht, vor den Herausforderungen und Gefahren zu flüchten, sondern er ermutigte und lehrte ihn, wie das Problem „anzupacken" und zu bewältigen war. Einerseits ist das Lösen von Problemen auch im kognitiven Sinn die beste Form des Lernens (Martinez, 2000, S. 177), gleichzeitig bildete Tobias aber in Verbindung mit der Erfahrungs-Dimension des Lernens ein positives Selbstbild, stärkte das Selbstbewusstsein und bereitete sich auf ein selbstständiges Leben vor. Das Lernen durch das Meistern von Herausforderungen, mit denen man selbst konfrontiert ist, trägt am meisten zu einer verantwortungsbewussten Selbstständigkeit bei (Caissy, 1994, S. 43).

Die Rolle des Engels lag also nicht so sehr darin, dass er „half", sondern eher darin, dass er motivierte und ermutigte. Der Engel wusste, dass die Flucht vor Problemen keine Vorbereitung auf ein selbstständiges Leben darstellt. Unter dem Aspekt der Motivation und überhaupt in einem gesunden Kontext ist es nicht falsch, wenn die Engel in menschlicher Gestalt zu

Idolen werden, für die die Jugendlichen bereit sind, „alles" zu tun (Caissy, 1994, S. 73). Positive Gestalten nützen ihre Kraft nicht aus und missbrauchen ihre Schützlinge nicht, sondern sie geben ihnen mit ihrer Anwesenheit genug Sicherheit, damit sie sich zutrauen, sich in das Lernen durch Erfahrungen zu begeben (Gerjolj, 2007, S. 247). Wenn es den Eltern gelingt, die Kinder so zu erziehen, dass sie sich in der Jugend positive Persönlichkeiten als Engel aussuchen, dann haben sie den Großteil ihrer Erziehungsaufgaben schon erfüllt und sie brauchen sich um die Zukunft ihrer Kinder keine Sorgen zu machen. Trotzdem wird es nicht an Schwierigkeiten und Spannungen mangeln, auch Überraschungen sind nicht ausgeschlossen, ist das Leben doch voller Kreuzungen, aber Eltern haben damit ihre Kinder immerhin in jenen Zug gesetzt, der in die richtige Richtung fährt.

Der Fisch symbolisiert auch unser Unterbewusstsein. In der Erzählung über Tobit wird durch ihn möglicherweise die Summe der unterdrückten, unaufgearbeiteten und ungelösten Kindheitserlebnisse repräsentiert (Corey, 1995, S. 23). Ein solches Unterbewusstsein kann uns in Schlüsselmomenten, in denen wir uns auf neue Herausforderungen vorbereiten, zermürben und vernichten, wenn wir uns davor erschrecken und zu flüchten versuchen. Wenn wir es aber annehmen, „zerteilen" und aufarbeiten, sind wir fähig, viel daraus zu lernen. Wir werden darin Grunderkenntnisse finden, die unserer Zukunft Richtung geben und uns zum Erreichen von neuen Zielen ermutigen.

„Und der Engel sagte zu Tobias: ‚Schneide den Fisch auf, nimm Herz, Leber und Galle heraus und bewahre sie gut auf!' Der junge Tobias tat, was ihm der Engel sagte. Dann brieten sie den Fisch und aßen ihn." (Tob 6,4-5)

Durch den Engel ermutigt, begegnete Tobias den Herausforderungen und Gefahren. So lernte er durch Erfahrung und bereitete sich auf ein verantwortungsbewusstes und selbstständiges Leben vor. Dieses „Learning by Doing“ machte nicht vor handwerksmäßigen praktischen Feststellungen Halt, denn der Engel sorgte dafür, dass sie die aus der Praxis gewonnenen Erkenntnisse laufend reflektierten und sie auch auf andere Bereiche übertrugen. Dabei stellten sich noch andere wichtige Fragen, die sie gemeinsam mit dem Engel erfolgreich mit den erworbenen Erkenntnissen verbanden und die sie nicht vernachlässigten. Somit wurde ihre Reise zu einem überaus intensiven und tief greifenden gesamtheitlichen Lernen.

Die Beziehung des Jungen zu dem Engel war so stark, dass er ihm blind vertraute. Ohne nachzufragen und ohne nach Erklärungen oder Argumenten zu suchen, unternahm er alles, was ihm der Engel riet oder auftrug. Erst nachdem er das Problem „in den Griff“ bekam und es zerteilt hatte, nachdem sich beide gesättigt und erneut gestärkt sowie die Reise fortgesetzt hatten, entspannte sich der Junge so weit, dass er zu einer Reflexion der erlebten und erfolgreich überstandenen bzw. bewältigten Prüfung überging.[26] Der Engel erklärte ihm gemäß der biblischen Tradition die Bedeutung der Symbole, die er systematisch und ihrem Sinn entsprechend auf Tobits Lebensgeschichte übertrug.[27] Wir aber werden versuchen – ohne dabei den Kontext der Erzählung zu verlieren –, die Bedeutung der Symbole auf heutige Verhältnisse zu übertragen.

Das Herz symbolisiert den Willen und die Liebe zum Leben, aber auch die Freude am Leben und die Fülle der Kraft. In Kombination mit der „Leber“, die den Organismus reinigt und in symbolhaftem Sinne das ganze Leben, ist der Mensch fähig, „Versuchungen“, die das Leben des Menschen, insbesondere aber den Bereich der ehelichen Beziehungen, bedrohen, zu widerstehen und abzuweisen.

Die Galle wurde im Altertum und im Mittelalter zur Heilung von Augenkrankheiten verwendet. Tobias erschien die Interpretation des Engels höchstwahrscheinlich sehr überzeugend und sie kam ihm sicher entgegen, weil er zuhause einen blinden Vater hatte. Jedenfalls handelt es sich bei der Galle um eine Flüssigkeit, die äußerst gefährlich ist, denn ihr Ausfluss kann, wenn nicht rechtzeitig Hilfe geleistet wird, zum Tod führen. Sie ist aber auch nützlich, denn sie hilft Fette abzubauen, das heißt schwer verdauliche Stoffe. Übertragen auf die heutige Erziehung symbolisiert die Galle Erfahrungen als Resultat eines gefährlichen und schmerzhaften Lernens. Wenn das Lernen durch Erfahrungen nämlich schiefgeht und „ausfließt", kann es durch ein lange andauerndes Klagen und durch Pessimismus, ohne „ärztliche" Hilfe, lebensbedrohend werden: Wird aber das Lernen durch Erfahrungen richtig „dosiert", und begeben wir uns nicht unkontrolliert in „schwer verdauliche" Situationen, werden wir aufgrund der erworbenen Erfahrungen befähigt, uns selbst und auch anderen in schwierigen Momenten Flecken des Pessimismus und der Verzweiflung aus den Augen zu wischen und eine neue Sicht auf die Zukunft zu eröffnen.

Aufgrund der Assistenz des Engels, der Tobias ermutigte und ihm seine Selbstständigkeit und Verantwortung überließ, bestand Tobias die gefährlichen Herausforderungen und Prüfungen erfolgreich. Er hatte gelernt, sie rechtzeitig und richtig zu „packen" und sie zu bewältigen. Die laufende „Reinigung" bzw. die Lösung von Problemen stärkte seinen Willen, die Freude und die Liebe zum Leben, gleichzeitig sammelte er aber Erfahrungen, durch die er später auch anderen würde helfen können. Somit nahm er auf die Reise in die Zukunft das Herz (den Willen, die Freude und die Liebe zum Leben), die Leber (die regelmäßige Reinigung des Lebens) und die Galle (die Erfahrungen) mit.

Die Ratschläge des Engels für das Leben und Tobias' langwierige Vorbereitung auf die Ehe

Der Engel und Tobias unterhielten sich viel auf ihrer Reise. Die Gespräche wurden immer lebensnaher und je näher sie dem Ziel ihrer Reise kamen, desto wichtiger wurden sie für Tobias' weitreichende Entscheidungen. Ihre Gespräche bekamen somit die Dimension einer modernen, so genannten langwierigen Vorbereitung auf eine Ehe.

„Als sie in der Nähe der Stadt Ekbatana waren, sagte der Engel zu dem jungen Tobias: ‚Bruder, heute werden wir bei Raguel übernachten. Es ist ein Verwandter von dir. Er hat nur ein einziges Kind, eine Tochter namens Sara. Ich will mit ihm reden, dass er sie dir zur Frau geben soll. Denn dir steht ihr Erbe zu, weil du ihr einziger Verwandter bist. Das Mädchen ist schön und klug. Darum hör mir zu! Ich will mit ihrem Vater sprechen, und wenn wir aus Rages zurückkommen, feiern wir die Hochzeit. Denn ich weiß, dass Raguel sie nach dem Gesetz des Mose keinem anderen Mann geben darf, sonst wird er mit dem Tod bestraft; denn du hast vor allen anderen Anspruch auf ihr Erbe.'" (Tob 6,10-13)

Medien ist eine weitläufige Region, in der sich die beiden Städte Ekbatana und Rages befinden, die in der Erzählung erwähnt werden. In Rages lebte der Freund des Vaters Gabael, bei dem Tobias eigentlich das Geld abholen wollte. In Ekbatana aber lebte der Verwandte des Vaters, Raguel, der bis dahin keine wichtige Rolle in der Geschichte von Tobias gespielt hatte. Durch die Eingebung des Engels fiel jedoch diesem Haus eine Schlüsselrolle seines Lebenswegs zu.

Der Engel begleitete seinen „Bruder" Tobias aufmerksam und schnitt alle grundlegenden Fragen einfühlsam an. Vor der Abreise hatten sie sich keinen detaillierten Reise- oder Terminplan erarbeitet, was die Symbolik der Erzählung nur noch verstärkt und den konkreten Hintergrund zu einer Metapher der Lebensreise werden lässt. Aus der Erzählung kann gefolgert werden, dass der Engel mit seinem Vorschlag bei Raguel zu übernachten, den Jungen einigermaßen überrascht hatte. Er teilte ihm seinen Vorschlag relativ spät mit und zwar in einer Art und Weise, die keine Alternativmöglichkeiten zuließ. Im Grunde genommen stellte er den Jungen vor vollendete Tatsachen und Tobias blieb fast nichts anderes übrig, als zuzustimmen.

Der Engel Rafael nannte ihm auch überzeugende Argumente, wieso es seiner Ansicht nach angebracht sei, gerade bei diesem Verwandten Halt zu machen. Er hatte nämlich eine Tochter, die ebenfalls ein Einzelkind war, so wie Tobias, und die er der Vorsehung des Engels nach heiraten könnte.[28] Um seine Argumente zu untermauern, hob der Engel die Eigenschaften der Tochter und des Vaters hervor, gleichzeitig versprach er aber, dass er sich selbst um die Regelung von formellen Angelegenheiten bemühen würde. Trotz der überzeugenden Argumentation und der Begründung blieb Tobias im ersten Augenblick ziemlich zurückhaltend. Aus seinen ersten Reaktionen kann geschlossen werden, dass er diesen Verwandten wohl kannte, sich mit ihm bzw. mit seiner Tochter jedoch nicht zu sehr verbinden wollte. Im Übrigen konnte er selbst auch Gründe benennen, die gegen eine Verbindung sprachen.

„Der junge Tobias antwortete: ‚Asarja, Bruder, ich habe gehört, dass das Mädchen schon mit sieben Männern verheiratet war, dass aber alle im Brautgemach gestorben sind. Ich bin der einzige Sohn meines Vaters und habe Angst, dass ich ebenso sterben muss wie die anderen Männer, wenn ich das Brautgemach betrete. Ein Dämon liebt sie und bringt alle um, die ihr nahe kommen.'" (Tob 6,14-15)

Die Gründe für Tobias' Zurückhaltung und Skepsis waren einleuchtend. Sogar in dem Fall, dass man das „Sterben" der Bräutigame als Verlassen und Trennen von der Braut interpretiert, was zu bedeuten hätte, dass sie für die Braut als Männer „gestorben sind", bleibt noch immer die schockierende Feststellung, dass es nicht möglich ist, mit dieser Braut zu überleben.

Stellen wir uns die Reaktion der Eltern vor, wenn der Sohn zuhause seine zukünftige Ehefrau vorstellt, die schon siebenmal unglücklich verheiratet war; oder die Reaktion der Eltern bei der Vorstellung des zukünftigen Ehemanns durch die Tochter, der sich gerade das siebente Mal scheiden hat lassen ... In beiden Fällen sind die Ehemänner bzw. Ehefrauen beinahe in der Hochzeitsnacht „gestorben". Wir können davon ausgehen, dass die Eltern unter den beschriebenen Umständen nicht den Optimismus des Engels teilen und seinem Ratschlag offen gegenüberstehen würden.

„Da sagte der Engel zu ihm: ‚Erinnerst du dich nicht mehr, wie dein Vater dir aufgetragen hat, nur eine Frau aus deinem Volk zu heiraten? Darum hör jetzt auf mich, Bruder! Sie wird deine Frau werden. Und mach dir keine Sorgen wegen des Dämons! Noch in dieser Nacht wird sie deine Frau.'" (Tob. 6,16)

Im Gegensatz zu den Eltern, die sich – verständlicherweise – um ihr „Kind" sorgten, hatte der Engel eine bessere Übersicht über die gesamte Situation und eine tiefere Einsicht. Deswegen überraschten ihn Tobias' Zweifel und Ängste nicht und er hielt sie keineswegs für unüberwindbar. Unter Berücksichtigung von Tobias' erfolgreicher Bewältigung von Gefahren und Schwierigkeiten, die er auf dem bisherigen Weg zu überstehen hatte, folgerte Rafael, dass die Vermählung mit einer siebenmal unglücklich verheirateten Braut für ihn kein zu riskantes Unterfangen sei.

Obwohl die Entscheidung des Engels den nachvollziehbaren Erwartungen der Eltern entgegenstand, hinterging er deren Rolle als Erzieher nicht, sondern stützte sie sogar. Er erinnerte Tobias nämlich zuerst an die Ratschläge und Anregungen, die er von seinem Vater erhalten hatte. Der Vorschlag des Engels stimmte mit ihnen prinzipiell völlig überein. Somit konnte Tobias keine formellen Gegenargumente hervorbringen, es blieb aber dennoch seine durch den Zweifel und den getrübten Blick in die Zukunft gerichtete berechtigte Sorge. Doch der Engel versuchte ihn von der Angst zu befreien, ihn aufzumuntern und ihn erneut zu ermutigen. Nachdem er ihn an die Anweisungen des Vaters erinnert hatte, stellte er ihn auf den Boden der Realität, befreite ihn von der Angst, versprach ihm die nötige Unterstützung und gab ihm darauf die weiteren Anweisungen, die sich auf die konkreten und konstruktiven bisherigen Erkenntnisse bzw. auf die bislang erworbenen und erarbeiteten Symbole bezogen.[29]

„Wenn du in das Brautgemach gehst, nimm etwas Glut aus dem Räucherbecken, leg ein Stück vom Herz und von der Leber des Fisches darauf und lass es verbrennen! Sobald der Dämon den Geruch spürt, wird er fliehen und in alle Ewigkeit nicht mehr zurückkommen. Wenn du dann zu ihr gehst, steht beide auf und ruft den barmherzigen Gott an; er wird euch helfen und Erbarmen mit euch haben. Hab' also keine Angst; das Mädchen ist schon immer für dich bestimmt gewesen. Du wirst sie aus ihrer Not befreien; sie wird mit dir ziehen und wird dir gewiss Kinder schenken." (Tob 6,17-18)

Die Symbole, die Tobias mit sich trug, bekamen eine immer größere Bedeutung und wurden auch immer nützlicher. Der Engel verband sie mit einem existenziellen Blick in die Zukunft. Tobias wurde sich bewusst, dass er nur mit einem sinnvollen und konstruktiven Einsatz der Symbole überleben konnte. Ohne Symbole würde er „sterben“, so wie es zuvor schon mit sieben Männern unter ähnlichen Umständen geschehen war.

Außer den Einsatz von zwei Symbolen (das des Herzens und der Leber) schloss der Engel in die Gestaltung einer dauerhaften Ehebeziehung das gemeinsame Gebet und die Bitte um Gottes Hilfe mit ein.

Ähnlich wie im ersten Teil, verlieh der Engel auch in diesem zweiten Teil den Anweisungen der „therapeutischen“ Entspannung und Entlastung großen Nachdruck. Er betonte nämlich am Anfang und am Ende, dass er sich keine Sorgen zu machen brauchte und sich nicht fürchten sollte.

„Als Tobias das hörte, fasste er Zuneigung zu dem Mädchen und sein Herz gehörte ihr.“ (Tob 6,17-19)

Als sich bei Tobias die Anspannung zu lösen begann und er sich von den Belastungen befreite und als ihm der Blick in die Zukunft dank der Hilfe des Engels klar wurde, verlor er seine ihn bisher hemmenden Gefühle des Unwohlseins und der Unsicherheit. Mehr noch, in ihm erwachten bislang von der Angst in Schach gehaltene Liebesgefühle, die er schon seit Ewigkeiten in sich trug. Offensichtlich verlief zwischen Tobias und dem Engel eine so intensive und gleichzeitig lockere und vertraute Kommunikation, dass Letzterer rechtzeitig Tobias’ verborgene – durch Angst gehemmte – Gefühle der Liebe gegenüber Sara entdecken konnte.[30]

Mit „Engeln“, die keine Familienmitglieder im engeren Sinne sind, kommunizieren die Jugendlichen anders und sie schneiden auch Lebensfragen anders an. Zwischen ihnen und den „Engeln“ wächst ein anderes, doch in keinem Fall weniger wichtiges Vertrauen als gegenüber Familienmitgliedern, insbesondere gegenüber den Eltern. Der Unterschied liegt darin, dass sich die Jugendlichen mit weniger Angst und mehr Verantwortung auf das Gespräch einlassen. Demselben Prinzip nach kommunizieren auch die „Engel". Sie sind sich bewusst, dass Vertrauen keine Selbstverständlichkeit ist, sondern dass es durch ihr eigenes Handeln und durch entsprechende Kommunikation, das die Verantwortung gegenüber dem Jugendlichen und den bedingungslosen Einsatz für ihn miteinbezieht, gewonnen werden muss. Die ständige Sorge um den „Hund", also das Vertrauen, gibt dem Jugendlichen und dem „Engel" die nötige Sicherheit, die die Angst vor dem Verlust der Beziehung und dem Missbrauch der Intimität überwindet. Sie ermöglicht beiden eine aufrichtige und vertrauensvolle, gleichzeitig aber ausreichend übersichtliche und distanzierte bzw. nicht vereinnahmende Kommunikation, die für das Treffen von eigenständigen Entscheidungen notwendig ist.[31] Der „Engel" kann sich somit angesichts seiner außerfamiliären Rolle Standpunkte leisten, die sich die Eltern nicht leisten können; doch auch wenn sie dies könnten, würden die Kinder das aus ihrem Mund nicht akzeptieren, und insbesondere nicht verstehen. Dadurch spielt die außerfamiliäre „Engels"-Erziehung in der Phase des jugendlichen Heranwachsens der Bedeutung nach eine immer größere Rolle gegenüber der der familiären Erziehung. Eine gute familiäre Erziehung wird dadurch nicht bedroht, sondern eher bestärkt, denn die Engelserziehung baut – wie wir das bei Rafael gesehen haben – gerade auf der familiären Erziehung auf und bezieht sich direkt auf sie. Die familiäre Erziehung sind die „Wurzeln", denen die Engel Wasser beigießen, damit sich der Jugendliche zu einer selbstständigen und verantwortungsbewussten Persönlichkeit entwickeln kann, die zu einer dauerhaften Beziehung fähig ist. Gute Engel sind sich bewusst, dass positive Erfahrungen, die im Kreis der engsten Familie gemacht werden, die effektivste Form des Lernens darstellen, die eine entspannte und konstruktive Gestaltung des Lebensraumes auch in der „neuen" Familie unterstützt (Cohen, 1998, S. 72).

Tobias' unmittelbare Vorbereitung auf die Ehe

Tobias hatte bislang in den Gesprächen mit dem Engel mehr oder weniger von einem glücklichen Familienleben geträumt. Trotzdem hatte der Engel dafür gesorgt, dass die Gespräche konkret und realitätsbezogen waren, wodurch Tobias ständig zur Reflexion und zum Schmieden von realistischen Plänen unter Berücksichtigung des behutsamen Vorgehens und der sachlichen Umstände gezwungen war. In den Gesprächen mit dem Engel konnte er einige wichtige Prinzipien entwickeln, die seine Vorstellung von der Zukunft ins Gleichgewicht gebracht und seinen Entscheidungen zur Gestaltung einer dauerhaften Ehebeziehung eine Richtung gegeben haben.

Gemäß der alttestamentarischen Tradition dauerte auch das Hochzeitsfest von Tobias' und Sara mehrere Tage und gehörte der Struktur nach teilweise noch zu den Vorbereitungen auf ein dauerhaftes gemeinsames Leben des Mannes und der Frau.[32]

Seine Vorstellung und der Empfang durch die Familie

Nachdem sich Tobias nach tief gehenden Gesprächen von seinen Ängsten und seiner Anspannung befreien konnte, wünschte er sich so schnell wie möglich die Familie seiner Liebe, Sara, näher kennen zu lernen.[33] Ihre Eltern empfingen sie herzlich, warteten ihnen auf und freuten sich über den Besuch. Noch mehr erfreut und gerührt waren sie, als sie in Tobias den Sohn Tobits erkannten, mit dem die Familie in der Vergangenheit sehr verbunden war und die einander viel bedeutet hatten.[34] Gemäß der sprichwörtlichen Logik, dass der „Apfel nicht weit vom Stamm fällt", baut die alttestamentarische Tradition neue Beziehungen immer auf der Grundlage von familiären historischen Erfahrungen und der Überlieferung auf.

Stärker als heute wird in der alttestamentarischen Überlieferung die Verbindung zwischen zwei Familientraditionen betont, die durch die Hochzeit zussammenwachsen und somit zur Bildung eines neuen „Familienbaumes" übergehen. Deshalb ist es verständlich, dass den charakterlichen Eigenschaften der Eltern bei den Vorbereitungen auf ein gemeinsames Leben eine wichtige Rolle zugesprochen wird. So wie der Engel in den Gesprächen mit Tobias den Edelmut von Saras Vater betont hatte, so unterstrich jetzt ihr Vater den Edelmut von Tobias' Vater.

Die Verlobung – der Mensch ist wichtiger als das Essen und das Trinken

Ein warmer und herzlicher Empfang voller Emotionen, der von dem Gefühl getragen wurde, dass verwandte Seelen einander begegnet waren, das alles förderte die gute Atmosphäre für ein Gespräch über eine allfällige Hochzeit.

„Da bat Tobias den Rafael: ‚Asarja, mein Bruder, bring doch zur Sprache, worüber du unterwegs mit mir geredet hast, damit die Sache zu einem glücklichen Ende kommt.'" (Tob 7,9)

Die Gespräche mit dem Engel hatten Tobias' Selbstbewusstsein gestärkt und damit hatte Rafael seine Arbeit vermutlich abgeschlossen. Tobias wollte zwar nicht aufdringlich sein, doch er gab seinem Engel ein deutliches Zeichen, dass er für die weiteren Schritte bereit sei. Trotz der großen Liebe respektierte er die Gepflogenheiten, die in dieser Zeit vorsahen, dass Gespräche über Heiratsangelegenheiten von den Eltern geführt werden. In diesem Fall wurden sie vom Engel vertreten, den Tobias erstmals als „Bruder" ansprach und dabei seinen „menschlichen" Namen Asarja verwendete. Damit wollte er vermutlich sein erworbenes Selbstbewusstsein betonen, denn mit der Autorität des Engels sprach er „von Bruder zu Bruder", gleichzeitig drückte aber ihre Kommunikation eine hohe Stufe an gegenseitigem Vertrauen, freundschaftlicher Entspanntheit und Gelassenheit aus. In Tobias' an den Engel gerichtetem „Hinweis" wird die Art ihrer bisherigen Kommunikation deutlich wie auch die Reife und Aufrichtigkeit ihrer Beziehung.

„Rafael teilte Raguel alles mit. Darauf sagte Raguel zu Tobias: ‚Iss und trink und lass es dir gut gehen! Du hast einen Anspruch darauf, mein Kind zu heiraten. Ich muss dir aber die Wahrheit sagen: Ich habe meine Tochter schon sieben Männern zur Frau gegeben; doch jeder, der zu ihr ins Brautgemach ging, ist noch in derselben Nacht gestorben. Aber lass es dir jetzt trotzdem gut gehen!'" (Tob 7,10-11)

Da Saras Vater Raguel eine Tochter hatte, die schon siebenmal unglücklich verheiratet war, ist es verständlich, dass er noch ungeduldiger als der verliebte Tobias war, denn er hatte die Angst, sie könnte unverheiratet bleiben. Nach den missglückten Versuchen eines gemeinsamen Lebens begann auch Sara schon an der Zukunft zu verzweifeln und hatte bereits versucht, Selbstmord zu begehen. Nur die Liebe zum Vater und das Gebet gaben ihr die Kraft, die Depression mit Gottes Hilfe zu überwinden.[35] Raguel freute sich über Tobias' Ansinnen so sehr, dass er die üblichen Gepflogenheiten außer Acht ließ, den Engel „übersprang" und ihm sofort seine Tochter anbot, was – angesichts der Umstände – nur zu verständlich war.

Raguel war dem neuen Bräutigam gegenüber ehrlich und aufrichtig und verschwieg ihm die missglückte Vergangenheit seiner Tochter nicht. Auch Tobias kannte sie, der Vater hatte ihm also nichts Neues mitgeteilt. Mehr als die Offenlegung der schmerzhaften Wahrheit über die Tochter verwunderte ihn der Hang des Vaters zum „Feiern".

Raguel ignorierte den Engel, indem er sein Angebot mit den Worten sprach „Iss und trink und lass es dir gut gehen!". Offenbar hatten die bisherigen Bräutigame dieses Angebot ohne nachzufragen angenommen. Sie hatten sich gefreut, hatten gegessen und getrunken und waren guter Laune gewesen, weshalb sie unvorbereitet in eine dauerhafte Beziehung eingetreten waren, die sie nicht überlebten. Dem Vater und den Bräutigamen waren „die Nahrung und die Getränke“ wichtiger und wertvoller erschienen als der Mensch, die Tochter bzw. die Braut. Mit dem oberflächlichen Eintreten in die Ehebeziehung hatten sich die Männer selbst den Tod bereitet.

Tobias hingegen ließ sich auf die Eile und Oberflächlichkeit des Vaters nicht ein und stellte sich ihm selbstbewusst und entschieden entgegen.

„Tobias erwiderte: Ich will nichts essen, ehe ihr sie mir nicht feierlich zur Frau gegeben habt.“ (Tob 7,12)

Unter dem Erziehungsaspekt der Beziehungsfähigkeit ist dies wahrscheinlich einer der Schlüsselsätze des gesamten Buches Tobit, denn mit ihm schafft Tobias eine Wertehierarchie, die insbesondere in dauerhaften Beziehungen unverzichtbar ist.

In den vorhergehenden Fällen hatten die Bräutigame offensichtlich vorwiegend gegessen und getrunken, gefeiert und das Heiraten war zur Nebensache geraten. Weil sie die „Angelegenheiten“ nicht geregelt hatten, mussten sie nach der Hochzeit schnell feststellen, dass die Verhältnisse für ein gemeinsames Eheleben unhaltbar waren, weswegen sie einer nach dem anderen „starben“ oder weggingen. Vielleicht hatten Saras Eltern jeden Bräutigam bzw. jungen Mann als ihr „zweites“ Kind behandelt und sich zu sehr in ihre Beziehung eingemischt,[36] vielleicht hatten sie sie auf irgendeine andere Art malträtiert und schikaniert, vielleicht hatte sich die Tochter auch nach der Hochzeit noch zu sehr als „Tochter“ und zu wenig als „Ehefrau“ gefühlt, vielleicht hatte sie Angst, Frau zu sein und von der Kindheit Abschied zu nehmen. Mit jedem

Mann war sie erneut zu wenig selbstständig und ohne geregelte Lebensbedingungen. Die Hochzeit, die „nebenbei" geschehen war, hatte nur Platz für das schnelle Feiern und einen zeitlich begrenzten Genuss geboten, nicht aber für ein dauerhaftes gemeinsames Leben. So wie Esau das Erstgeburtsrecht und Abraham mit seinem Verhalten in Ägypten, hatten die Männer einer nach dem anderen ihre Frau für Nahrung und Getränk „verkauft".

Die langwierige Vorbereitung auf die Ehe, die lange und tief gehende Gespräche mit „Engeln" miteinschloss, ermöglichte Tobias schnelle und richtige Antworten. Seine Reaktionen waren nicht angelernt, sondern intelligent in der wahren Bedeutung des Wortes, denn sie waren erfinderisch und kreativ, schnell und richtig. Noch bevor er „essen und trinken" würde, wollte er die Angelegenheiten regeln. Dies bedeutet, dass er mit dem Vater über den Lebensraum und die Existenzbedingungen der neuen Familie reden würde. Angesichts Saras bisheriger persönlicher Geschichte war er sich bewusst, dass diese Schritte vor der Hochzeit notwendig waren und darauf bestand er auch. Die bisherigen Bräutigame waren einer nach dem anderen gestorben, er aber akzeptierte ein ähnliches Schicksal nicht. Er wollte nicht als „zweites Kind" in das Haus kommen, sondern als erwachsener Mann, der mit Sara seine eigenen Kinder haben würde. Deshalb wollte er vor dem Feiern die Angelegenheiten regeln, die als Grundlage für das gemeinsame Leben in der Zukunft dienen würden. Eine klare Aufteilung der Kompetenzen und der gegenseitigen Verhältnisse ist eine wichtige Voraussetzung für ein harmonisches gemeinsames Leben.

„Da sagte Raguel: ‚Du sollst sie bekommen, sie ist von jetzt an nach Recht und Gesetz deine Frau'. ... Und er ließ seine Tochter Sara rufen, nahm sie bei der Hand und gab sie Tobias zur Frau; er sagte: ‚Hier, sie ist dein nach dem Gesetz des Mose. Führ sie zu deinem Vater!' Und er segnete sie. Dann rief er seine Frau Edna herbei, nahm ein Blatt Papier, schrieb den Ehevertrag und man setzte das Siegel darunter. Darauf begannen sie mit dem Mahl." (Tob 7,12b-14)

Raguel verstand Tobias' Sprache und erkannte augenblicklich, worum es ging. Ohne zu zögern war er bereit, die „Angelegenheiten" zu regeln, möglicherweise sogar besser, als Tobias erwartet hatte.

Vor „Nahrung und dem Getränk" kam die Tochter an die Reihe, die er ihm formell und auch tatsächlich gab. Durch die Übergabe hörte sie auf, seine Tochter zu sein, wofür auch die Erlaubnis spricht, dass er sie „zu seinem Vater" führen durfte. Auch unterzeichnete er aus eigenem Antrieb eine Urkunde und gab ihm die Bestätigung, dass Sara im Sinne der Primärbeziehung aufgehört hat, seine Tochter zu sein und Tobias' Frau wurde. In diesem Kontext ist nicht unerheblich, dass die Mutter das Papier für den Ehevertrag gebracht hat, sind doch für den „Enteignungsakt" beide Elternteile verantwortlich.

Erst nachdem alle wussten und damit einverstanden waren, dass Sara und Tobias aufgehört hatten, primär Tochter und Sohn zu sein, sondern im Bewusstsein aller Beteiligten zu Frau und Mann geworden waren, konnten sie beginnen „zu essen und zu trinken".

Die Hochzeitsnacht – Symbol einer ganzheitlichen und dauerhaften Ehebeziehung

„Raguel rief seine Frau Edna und sagte zu ihr: ‚Schwester, richte das andere Zimmer her und führe Sara hinein.' Sie tat, was er sagte, und führte sie hinein. Sara aber begann zu weinen. Ihre Mutter trocknete ihr die Tränen und tröstete sie: ‚Hab Vertrauen, mein Kind! Nach so viel Leid schenke dir der Herr des Himmels und der Erde endlich Freude. Hab nur Vertrauen, meine Tochter!'" (Tob 7,15-17)

Die Heilige Schrift beschreibt ausführlich, wie der Vater Raguel seiner Frau den Auftrag erteilte, diesmal der Tochter ein „anderes Zimmer" herzurichten. Diese Veränderung drückt deutlich aus, dass sich der Vater und die Mutter des neuen und diesmal auch anderen Anfangs des gemeinsamen Lebens der Jungvermählten bewusst waren. Als Mann und Frau waren sie sich im Klaren darüber, wie wichtig Unvoreingenommenheit für das gemeinsame Leben ist. Deswegen war die Wahl eines neuen Zimmers, das in der Tochter keine negativen und schmerzhaften Erinnerungen hervorrief und sie somit nicht zur Wiederholung von Fehlern zwang, eine gute Entscheidung. Die Eltern deuteten damit an, dass sie sich des Neuanfangs bewusst waren und sie übertrugen ihre Hoffnung und positiven Gefühle auch auf ihre Tochter.

Dass die Hochzeit diesmal besser vorbereitet war und dass es im Gegensatz zu früher um eine ernsthaftere Angelegenheit ging, offenbarte auch das typische „Hochzeitsweinen" der Mutter. Die Mutter spürte und erlebte den Schmerz des Abschieds und des Verlustes, denn die Tochter würde nach der Hochzeit nicht mehr „ihr gehören", wie es bis dahin der Fall gewesen war. Die früheren Hochzeiten waren offensichtlich nicht besonders erwähnenswert gewesen und hatten kein Weinen hervorgerufen. Tobias ging die ganze Angelegenheit ernsthafter an, weswegen auch der Abschied ernsthaft und endgültig war, gleichzeitig aber auch schmerzhaft. Das „Hochzeitsweinen" der Mutter war aber gewöhnlich auch ein Weinen der Freude und des innigen Wunsches, dass die Tochter in einer glücklichen Ehebeziehung leben möge. Das mütterliche Ermutigen der Tochter beim Eintreten in den Stand der Ehe drückte nicht nur ihren Wunsch, sondern auch die Überzeugung aus, dass die

Entscheidung der Tochter richtig war und sie glücklich machen würde. Der tiefe Glaube der Mutter, der aus ihren Ermutigungen sprach, war ganz bestimmt auch Ausdruck ihres eigenen glücklichen Ehelebens. Eine Mutter, die als Ehefrau ein unglückliches Leben hatte und sich nur an Schmerz und Leid erinnerte, würde bei der Hochzeit ihrer Tochter nur schwerlich aus Freude weinen. Deshalb gehörte zur Vorbereitung auf eine glückliche Ehe der Kinder zuerst die Sorge um ein glückliches und zufriedenes Leben in der eigenen Ehe.

„Nach der Mahlzeit führten sie Tobias zu Sara. Als er hineinging, erinnerte er sich an die Worte Rafaels; er nahm etwas Glut aus dem Räucherbecken, legte das Herz und die Leber des Fisches darauf und ließ sie verbrennen. Sobald der Dämon den Geruch spürte, floh er in den hintersten Winkel Ägyptens; dort wurde er von dem Engel gefesselt." (Tob 8,1-3)

Den damaligen Gepflogenheiten entsprechend, begleitete man auch den Bräutigam zum Schlafzimmer. Tobias trug seine Symbole, Erinnerungen, Erkenntnisse und Erfahrungen immer bei sich. Im Einklang mit der langwierigen Vorbereitung, während der er sein Leben gründlich meditiert und debattiert sowie in den Träumen unzählige Male durchlebt hatte, rief er sich zuerst die Leber und das Herz in Erinnerung. Symbole, die für das gemeinsame Leben am wichtigsten sind. Die Leber erinnerte ihn an den Vorsatz, sein Leben immer wieder zu reinigen. Das Herz erinnerte ihn aber an die unermessliche und unerschöpfliche Liebe zum Leben.

In der Opferung der Leber und des Herzens verbarg sich Tobias' Initiative, auf Grundlage derer sie als Bräutigam und Braut schon am Anfang des gemeinsamen Weges verabredeten und beschlossen, dass sie Konflikte und Schwierigkeiten immer sofort und gründlich klären würden. Ihren Beschluss komplettierten sie mit dem Herzen, das heißt mit einer großen Liebe und dem tiefen Bewusstsein, dass sie kraft dieser Liebe fähig sein würden, jede Gefahr abzuwenden, die für ihren gemeinsamen Weg eine Bedrohung darstellen würde. Nach diesen beiden Beschlüssen hatte der Dämon, der bisher schon sieben Wünsche nach einem gemeinsamen Leben zerstören konnte, keine Chance mehr. Er wurde „in den hintersten Winkel Ägyptens" verbannt, wo er weit genug weg war, um nicht mehr zurückkehren zu können. Dort würde er vom Engel Rafael, der seit dem Beginn des gemeinsamen Lebens nicht mehr erschienen war, gefangen und endgültig gefesselt.

Die Sendung der Engel – von der Patenschaft bis zu allen anderen vergleichbaren Rollen – ist überaus subtil und sensibel. Wo sie nicht gebraucht werden, mischen sie sich nicht ein, sie moralisieren nicht und sorgen auch nicht für eine gedrückte Stimmung, sondern sie ziehen sich rechtzeitig zurück. Doch im Hintergrund bleiben sie auch weiterhin aktiv und um die ihnen anvertrauten Menschen bemüht, aber auf eine andere Art und Weise. Rafael hatte somit im Großen und Ganzen seinen unmittelbaren Auftrag bezüglich der Ehevorbereitung bis zur Verlobung erfüllt. Er hatte die gesamte Angelegenheit so gut vorbereitet, dass er die letzte Handlung – die Bitte um die Hand der Tochter – nicht mehr begleiten musste, denn das Geschehen nahm seinen Lauf. Deshalb lag in jenem Augenblick seine Rolle darin, das Geschehen zu verfolgen und es im Gebet zu unterstützen, und zwar das ganze Leben lang. Die endgültige Bändigung des Dämons bedeutete zweifellos das Gebet – auch dann, als der Dämon scheinbar weit entfernt und ungefährlich war.

Das Ritual der Opferung der Symbole „Leber" und „Herz" bedeutete vermutlich, dass sich insbesondere Tobias, der dank des Engels Rafael auf die Ehe besser vorbereitet war, zutiefst darüber bewusst war, dass die Gaben und die damit verbundenen Fähigkeiten von Gott kamen. Somit dankten sie mit der Opferung Gott dafür aufrichtig, gleichzeitig baten sie aber auch um weitere Hilfe und Unterstützung. Eine opfernde religiöse Kommunikation ist immer mit Dank und Bitte verbunden.

„Als Tobias und Sara in der Kammer allein waren, erhob sich Tobias vom Lager und sagte: ‚Steh auf, Schwester, wir wollen beten, damit der Herr Erbarmen mit uns hat.' Und er begann zu beten: ‚Sei gepriesen, Gott unserer Väter … Du sagtest: Es ist nicht gut, dass der Mensch allein ist; wir wollen für ihn einen Menschen machen, der ihm hilft und zu ihm passt. Darum, Herr, nehme ich diese meine Schwester auch nicht aus reiner Lust zur Frau, sondern aus wahrer Liebe. Hab Erbarmen mit mir und lass mich gemeinsam mit ihr ein hohes Alter erreichen!' Und Sara sagte zusammen mit ihm: ‚Amen.' Und beide schliefen die Nacht über miteinander." (Tob 8,4-9)

Der nächste Schritt vor der ehelichen Vereinigung war das bewusste, gemeinsam gesprochene Gebet, bei dem Tobias – entsprechend den bisherigen Investitionen in das gemeinsame Leben – aktiver war als seine Braut Sara. Außer der Danksagung und der Bitte, die eine Art Fortsetzung der religiösen Kommunikation auf der symbolischen Ebene der Hingabe ist, betonte und hob Tobias im Gebet bewusst die Bedeutung ihrer gegenseitigen Beziehung als einer gleichberechtigten Partnerschaft zwischen Mann und Frau hervor. Im Einklang mit der patriarchalen Tradition, in der der Text in gewissem Maße steht, sagte er zwar, dass die Frau dem Mann „hilft", aber gleichzeitig betonte er, dass sie „zu ihm passt" und als solche seine „Schwester" ist, die er nicht „aus reiner Lust zur Frau" nimmt bzw. um sie auszunutzen, sondern „aus wahrer Liebe". Tobias stellte also in seiner religiösen Kommunikation, die in der biblischen Tradition unter dem psychologischen Aspekt die höchste Form der Kommunikation ist, seine Frau ganz bewusst auf die Stufe einer Person, die er schätzte, achtete und liebte. Bevor er ihr seine eheliche Liebe in voller, auch körperlicher Form bezeugte, drückte er sie ihr gegenüber in anderer Weise aus und machte ihr grundsätzlich klar, dass sie als Braut und Ehefrau seiner Liebe würdig war.[37] Im Prozess der Vorbereitung auf die eheliche Hingabe in der Liebe stärkte Tobias ihr Selbstvertrauen und verwandelte ihr negatives Selbstbild in ein positives, womit er auch ihre Minderwertigkeitsgefühle und Unfähigkeitsgedanken relativierte bzw. auslöschte und sie mit der Fähigkeit zur Selbstachtung und einer unüberschätzbaren Liebe zu sich selbst ausstattete. In ihrem gemeinsamen „Amen! Amen!" ist eine tiefe gegenseitige Achtung zu spüren. Sie richteten den Blick auf Gott und transzendierten somit als erwachsene Menschen ihre Liebe. Erst danach wurde Sara zur Liebe auch fähig.

Tobias' Hinwendung zu seiner Braut war auf die Stärkung von Saras Selbstbewusstsein ausgerichtet. In dem Augenblick, als beide spürten und sich gegenseitig vermittelten, dass sie einander wertschätzten, waren sie zur Liebe auch fähig. Nach der gemeinsamen Bestätigung „Amen, Amen" waren sie fähig, in der Liebe als Mann und Frau miteinander zu schlafen.

Die Liebe ist stärker als der Tod

Sieben Männer von Sara starben in der Hochzeitsnacht oder davor, heißt es in der Heiligen Schrift. Das wissen auch Saras Eltern. Was wird mit dem achten, Tobias, geschehen?

„Morgens stand Raguel auf, ging hinaus und hob ein Grab aus. Er dachte: Sicher ist auch dieser Mann gestorben." (Tob 8,10-11a)

Saras Vater war darauf vorbereitet, dass auch der achte Ehemann, Tobias, sterben würde. Seine Gedanken verwundern und man hätte erwartet, dass er mehr Vertrauen in Tobias haben würde, hat er sich doch bei seiner Ankunft sehr über ihn gefreut, hatte er ihn doch gekannt und seine gesamte Familie geachtet, und hatte er ihm doch seine Tochter mit der größten Freude gegeben. Es scheint, als wären das Ausheben des Grabes und das Sterben in dieser Familie schon zur Routine geworden, die nicht einmal ein mehr „Verwandter" würde ändern können. Oder doch?

Wenn man bedenkt, wie schnell man häufig mit einer negativen Etikettierung von Jugendlichen bei der Hand ist, obwohl man sie überhaupt nicht kennt, wird das allzu voreilige Ausheben des Grabes etwas verständlicher, vielleicht kommt es einem sogar verdächtig bekannt vor. Wenn die Tochter ihren Eltern mitteilt, wer ihr gefällt und wen sie gerne heiraten würde – folgen nicht manchmal zunächst Vorurteile? Was müssen sich Jungen und Mädchen nicht alles von den Eltern sagen lassen, noch mehr aber von den zukünftigen Schwiegereltern, bevor sie sich überhaupt erst richtig kennen lernen? Von den Eltern, dass sie noch zu jung für ernsthafte Beziehungen sind, sie sollten sich doch zuerst um die Schule kümmern, dann um den Beruf und um die Wohnung und ein Haus usw. Oft ist aber der Kandidat, den die Tochter wählt, wenn wir uns an die biblische Struktur halten, den Eltern nicht genehm und keiner ist gut genug. Der Erste ist unordentlich, der Zweite hat keine Schulausbildung oder keine entsprechende Arbeit, der Dritte ist Trinker oder Raucher, der Vierte hat schon Drogen genommen, der Fünfte liegt nur auf der faulen Haut, der Sechste ist unnahbar und denkt nur an die Arbeit und den Profit, der Siebente ist vielleicht nicht schön genug etc. Dadurch „sterben" die Bräutigame bzw. die Männer der Tochter, noch ehe sie ihr nahegekommen sind, und werden so doch in unseren Herzen beharrlich „getötet" und von uns hinterrücks „begraben". Nachdem wir auf diese Weise erfolgreich den ersten Schwarm und Freunde der Tochter „getötet“ und „begraben“ haben, haben wir uns an dieses Vorgehen schon gewöhnt, und auch die Tochter erträgt die Niederlagen schon leichter. Am Ende wird uns niemand gefallen und die Tochter wird letztendlich den Schluss daraus ziehen, dass es überhaupt keine guten Männer gibt und dass es am besten ist, gar nicht zu heiraten. Wenn zufällig noch jemand auftaucht, werden wir ihn schon entsprechend „bearbeiten“ – auf Raguels Art und Weise, damit das Umfeld davon nichts mitbekommt. Natürlich werden wir uns solche Gefühle nicht eingestehen, was eigentlich das Schlimmste ist. Würden wir sie nämlich eingestehen, dann müssten wir uns ändern. So graben wir aber schon im Unterbewusstsein Gräber und sind uns unserer Taten nicht einmal bewusst. Um uns herum gibt es schon genug Knechte und Gleichgesinnte, die uns unterstützen und treu beim Ausdenken neuer Etikettierungen und Vorurteile mitwirken, die die möglichen Männer der Tochter „morden“. Wir wurden mittlerweile schon zu einem gut eingespielten und geradezu eng miteinander verbundenen Team, das nach dem „Tod“ und der erfolgreichen „Beerdigung“ eifrig die Tochter tröstet mit den Worten, dass es so wahrscheinlich sowieso am besten sei usw. All dies sind Methoden eines hinterhältigen „Tötens“ und „Aushebens von Gräbern“, die das positive Selbstbild der Tochter zerstören, ihr Selbstbewusstsein aushöhlen und brutal das Bewusstsein über den eigenen Erfolg insbesondere in der Liebe und der Gestaltung von dauerhaften Beziehungen vernichten. Die Tochter wird immer mehr davon überzeugt sein, dass sie nicht fähig ist, einen Freund zu finden, der auch ihren Eltern entsprechen würde. Sieben Männer, die sie bekam, waren der Meinung ihrer Eltern nach ihrer nicht würdig und sie mussten „sterben“, oder sie war selbst nicht würdig für die sieben Männer, die sie sich gewünscht hatte, und sie sind ebenfalls „gestorben“.

Nach solchen Niederlagen hat sie sich immer mehr verschlossen und das Selbstwertgefühl verloren,[38] was sie zu einer offenen und unvoreingenommenen Kommunikation immer weniger befähigte. Eltern wie Raguel werden sie zwar in einer fast sadistischen Art und Weise trösten, doch das wird sie in der Depression und dem Selbstmitleid nur noch bestätigen. Sie tun zwar alles aus „Liebe", doch ist ihre Liebe leider zu groß bzw. zu vereinnahmend und schadet den Kindern mehr als dass sie ihnen nützt.

Die Heilige Schrift hebt die Verbundenheit der Tochter mit dem Vater hervor, der im Übrigen als ein ehrlicher Mensch, gottergeben und als sorgsamer Mann und Vater beschrieben wird. Doch die Tatsache, dass er Tobias das Grab schon ausgehoben hat, bleibt trotzdem bestehen. In diesem Kontext tritt noch klarer hervor, wie diese brutalen und unerbittlichen Handlungen in jede Familie Einzug halten können. Niemand ist gegenüber Dämonen immun, die Bräutigame und Bräute bzw. Männer und Frauen „töten".[39]

Zu den „Mördern" der Ehemänner und Ehefrauen gehören natürlich nicht nur die Eltern und die Schwiegereltern. Auch das übrige Umfeld kann Menschen den Aufbau von dauerhaften Beziehungen und überhaupt von Lebensbedingungen unmöglich machen, denn Vorurteile, negative Kritik, diffamierende Etikettierungen u. Ä. sind in der heutigen Ellenbogengesellschaft mit ihrem ausgeprägten Konkurrenzdenken beinahe überall präsent. Verschiedene Ausformungen von negativem Etikettieren, Erniedrigen, Dämonisieren und hinterhältigem „Töten" hat vielleicht auch Jesus vor Augen, als er über diejenigen spricht, die nicht heiraten, weil sie von den Menschen „zu Eunuchen" gemacht wurden.[40]

„Als er wieder ins Haus kam, sagte er zu seiner Frau Edna: ‚Schick eine Magd hinauf; sie soll nachsehen, ob er noch lebt.

Wenn er nicht mehr lebt, wollen wir ihn begraben, ohne dass es jemand merkt.' Die Magd öffnete die Tür, ging hinein und sah, dass die beiden schliefen. Sie ging wieder hinaus und berichtete ihnen, Tobias sei noch am Leben." (Tob 8,11-14)

Als das Grab bereitstand, organisierte der Vater eine Kontrollmöglichkeit, mit der überprüft werden sollte, ob der Bräutigam noch lebt. Der Vater glaubte nicht daran, dass Tobias überlebt hatte. Er interessierte sich nur für den Todeszeitpunkt, denn er wollte die Angelegenheit rechtzeitig regeln, solange sie noch verheimlicht werden konnte. Sobald die Neuigkeit nämlich die Runde machen sollte, würden vielleicht unangenehme Fragen auch an ihn gestellt werden.

Angesichts der Erzählweise und der konzentrierten Form der biblischen Geschichten kann davon ausgegangen werden, dass bei der ersten Rückkehr der Magd in die Familie keine besondere Freude herrschte. Vielleicht war man der Ansicht, dass es sich um einen etwas stureren Jungen handelte, der sich nicht so schnell ergeben würde und man würde noch etwas abwarten. Doch bei jeder Kontrolle stellten die Magd und die Übrigen fest, dass der achte Bräutigam, Tobias, keinesfalls sterben wollte. Vor ihm starben sieben auf „normale Art", der achte aber wehrte sich. Das Begräbnis war vorbereitet und organisiert, die Zeit lief ab, er aber lebte immer noch. Was nun?

„Am Morgen" würde niemand zugeben wollen, dass er dem Bräutigam hinter dessen Rücken ein Grab geschaufelt hatte. Im Gegenteil, alle würden sich freuen, dass er überlebt hat – zunächst vielleicht etwas zurückhaltend und sogar vorgespielt, dann aber immer offener, denn auch die Eltern und die anderen „Trauergäste" würden einsehen, wie wertvoll und beglückend die Fähigkeit ihrer Kinder zum Ehe- und Familienleben ist.

Tobias war stark genug, um alle Vorwürfe und jede Kritik zu ertragen und nichts konnte ihm Sara entreißen bzw. als ihren

Mann „töten". Ihre Verbundenheit war stark genug, um alle verdeckten Unterstellungen ihres Umfeldes zu ignorieren und zu ertragen. Als der Kreis der Familie feststellte, dass Tobias nicht „sterben" wollte, begannen sich alle zu entschuldigen und sich damit herauszureden, dass andere schlecht über ihn gesprochen hatten, dass sie selbst nur das gesagt hatten, was sie wiederum von anderen gehört hatten, dass sie sowieso nicht alles geglaubt hatten, dass sie immer gehofft und ihnen eine glückliche Ehe gewünscht hatten, dass sie eigentlich nicht so gedacht hatten, wie es sich angehört hatte usw. Nun sei das Zuschütten des Grabes an der Reihe. Am besten wäre, wenn dies andere machten, „Knechte", denn niemand wollte der „Totengräber" sein.

Möglich ist auch ein harmloseres Szenario: Vielleicht hatten die Eltern gehofft, Tobias möge überleben, weil sie Angst hatten, Sara könnte erneut erfolglos sein, wahrscheinlich tatsächlich auch durch ihre eigene Schuld, deren sie sich aber diesmal besser bewusst gewesen waren. Dem Ausheben des Grabes konnten sie zwar noch immer nicht widerstehen, doch sie waren bereit, das Grab schneller zuzuschütten als in der Vergangenheit. Die Heilige Schrift macht deutlich, dass „Beziehungstöter" durchaus fähig sind, sich zu wandeln und sich somit aufrichtig, ehrlich und hingebungsvoll der Erfolge ihrer Kinder erfreuen können.

„Da pries Raguel Gott und betete: ‚Sei gepriesen, Gott, mit reinem und heiligem Lobpreis. Deine Heiligen und alle deine Geschöpfe sollen dich preisen. Alle deine Engel und alle deine Auserwählten sollen dich preisen in alle Ewigkeit. Sei gepriesen, weil du mir diese Freude bereitet hast und weil nicht eingetroffen ist, was ich befürchtet habe. Du hast uns in deiner großen Barmherzigkeit geholfen. Sei gepriesen, weil du mit diesen beiden Menschen Erbarmen hattest, die die einzigen

Kinder ihrer Eltern sind. Herr, hab Erbarmen mit ihnen und lass sie ihr Leben in Gesundheit und Freude verbringen, geschützt von deinem Erbarmen!‘ Dann befahl er seinen Knechten, das Grab wieder zuzuschütten.“ (Tob 8,15-18)

Anders als die „verstorbenen“ Männer hatte sich Tobias auf das Eheleben besser vorbereitet. Er hatte über die Zukunft weiter und gründlicher nachgedacht und sich darüber mit seinem „Engel“ unterhalten. Das Teilen von Lebensvisionen und die laufende Reflexion gehören zu den Grundfähigkeiten, die für das gemeinsame Leben nötig sind. (Bauer, 2007, S. 39)

In der unmittelbaren Vorbereitung der Ehe hat er auf behutsames Vorgehen großen Wert gelegt, was gerade für wichtige Lebensentscheidungen eine unbedingte Voraussetzung darstellt. Behutsames Vorgehen ist in allen Bereichen und Dimensionen des Lebens, sowohl in der körperlichen als auch in der seelischen und spirituellen, wichtig. Durch die religiöse Kommunikation gestärkt, war Tobias vor der körperlichen Vereinigung, die im biblischen Sinn ohne Zweifel den Höhepunkt der ehelichen Liebe darstellt, fähig, Sara bedingungslos und mit ihrer ganzen Persönlichkeit, einschließlich ihrer unheilvollen persönlichen Geschichte und ihrem negativen Selbstbild anzunehmen. In Form einer religiösen Kommunikation bzw. eines Gebets unterhielten sie sich über das Leben als Wert und die Liebe (Herz) in allen drei Dimensionen – zu sich, zum Nächsten und zu Gott; vor Gott beschlossen und verabredeten sie eine gründliche und permanente Reinigung der Beziehung (Leber). Erst dann kam es zum gemeinamen Gebet, das eine hohe gegenseitige Achtung und ein bedingungsloses gesamtheitliches Annehmen ausdrückte. Es ging also um einen Schritt, der sie in eine dauerhafte Liebesbeziehung führte.

Ungeachtet der hohen und unumstrittenen erzieherischen Qualitäten, die Sara in der Primärfamilie zuteil geworden waren, hatten die Misserfolge ihr Selbstbewusstsein schwer in Mitleidenschaft gezogen, und ihr daraus resultierendes negatives Selbstbild führte zu einer chaotischen und verunsicherten Persönlichkeit. Wahrscheinlich hatte sie sich nach den ständigen Misserfolgen schon mit ihrem „Schicksal" abgefunden und auf neuerliche Versuche verzichtet, wie dies auch in ihrem Gebet über den Tod zum Ausdruck kam.[41]

Tobias hatte zwar die Gelegenheit, sie aus „Mitleid" zu heiraten. Vielleicht hatte ja einer der vorhergehenden Ehemänner diesen Fehler begangen und ist dann gestorben. Entscheidungen, die aus Mitleid gefällt wurden, garantieren meist keine langlebige Beziehung, denn sie führen schon im Ansatz dazu, dass Menschen ausgenutzt werden.[42] Deswegen ließ sich Tobias auf kein Mitleid ein, sondern wählte eine andere Strategie. In den erwähnten behutsamen Schritten stärkte er Saras Selbstbewusstsein und ihr Selbstbild bis hin zur Liebe. Er veränderte und belehrte sie nicht, sondern liebte ihre Verletzlichkeit und ihre Fehler; so brachte er ihr bei, sich selbst anzunehmen und zu lieben. Er schuf eine gesunde und vertrauensvolle Atmosphäre, in der sie sich bedingungslos angenommen fühlen konnte. Dadurch nahm sie sich auch selbst immer mehr an, wurde zufrieden mit sich selbst und war sogar über die eigenen Fehler und „Dummheiten" froh, was ihr ermöglichte, dass sie sich als achtens- und liebenswerte Frau erleben konnte. In einer ähnlich positiven und gesunden Atmosphäre verspüren auch wir, dass wir das Leben wirklich erfahren können, wenn wir uns bedingungslos und ohne Scham annehmen (Cloud, Townsend, 2001, S. 151). Erst dann sind wir fähig, es auch zu verändern. Dabei ist aber eine positive Unterstützung durch die Nächsten von großer Hilfe (Caissy, 1994, S. 45).

In den vorherigen Beziehungen war sie wahrscheinlich entweder mit dem Gefühl eine Bindung eingegangen, dass der

Mann ihrer oder dass sie seiner nicht würdig gewesen sei, weil sie sich auch selbst nicht angenommen hatte und sich selbst „unwürdig" erschienen war. In beiden Fällen war die Beziehung „gestorben", noch bevor sie begonnen hatte. Deswegen widmete Tobias ihrer Persönlichkeitsentwicklung und der Stärkung des Selbstbewusstseins sowie des Selbstbildes soviel Aufmerksamkeit. Er brachte ihr allmählich bei, dass sie seiner Liebe würdig war, so wie sie war, ohne Veränderungen und Anpassungen, besonders aber ohne Spiel und Verstellungen. In dem Augenblick, in dem sie sich dieser Erkenntnis gefühlsmäßig bewusst wurde, war sie auch zur Liebe fähig. Bei Tobias konnte sie sich das erste Mal im Leben als Frau selbst annehmen und liebgewinnen. Somit war sie das erste Mal in der Lage, sich selbst zu erfahren, dies befähigte sie aber auch zu einer hingebungsvollen und verantwortungsbewussten ehelichen Liebe.

In dem Augenblick also, in dem wir uns bewusst darüber werden, dass wir der Liebe würdig sind, sind wir zur Liebe auch fähig. In diesem Moment fallen die Ketten der Misserfolge und die Klammern der Verbote weg und wir sind für die Entwicklung einer dauerhaften Liebe offen. Erst nachdem wir uns des Wertes der Beziehung und der Liebe bewusst geworden sind, können wir mit der Urteilskraft der Eigenverantwortung Wagnisse eingehen sowie initiativ und kreativ werden.

Dieses Bewusstsein können Eltern ihren Kindern nicht vermitteln, aber auch die Jugendlichen selbst können es sich nicht aneignen. Die Eltern nehmen ihre Kinder nicht ernst, wenn sie den jugendlichen Übermut unterstützen. Und die Jugendlichen wirken auf der anderen Seite aggressiv und narzisstisch, wenn sie wie selbstverständlich davon ausgehen, dass sie eines jeden Mädchens bzw. eines jeden Jungen „würdig" sind. In der allmählichen Vorbereitung auf dauerhafte Beziehungen versuchen wir einander klarzumachen, wie viel wir uns bedeuten und stärken somit gegenseitig das Gefühl für den eigenen Wert. Die Behutsamkeit in der Liebe ist ratsam, jedoch nicht deswegen, weil uns Gott keine erfüllte Liebe gönnen würde, sondern weil er uns eine dauerhafte Liebe wünscht.

Man darf nicht vergessen, dass Tobias trotz der idealen Familienerziehung nicht unmittelbar von den Eltern auf das eheliche Leben vorbereitet worden war, sondern von dem Engel Rafael, der kein Familienmitglied war. Damit wird auch wieder deutlich, dass dies kein Thema sein muss, für das ausschließlich die Familie zuständig ist. Auch eine noch so gute Familie braucht Engel, die die Jugendlichen dorthin begleiten, wo die Eltern sie nicht „sehen". Auch ist es so manches Mal der Erziehung nicht förderlich, wenn Eltern ihre Kinder zu viel beobachten. Für die Vorbereitung auf dauerhafte Beziehungen ist es wichtiger, dass die Eltern zusammen mit den Kindern gute Engel suchen und die Verantwortung für das Heranwachsen nicht nur alleine übernehmen.

Durch Tobias' und Saras Liebesgeschichte sehen wir, dass die Liebe stärker ist als das Dämonisieren und wahrhaftig stärker ist als der Tod, wenn sie mit Gott gebaut wird und die Prinzipien des „Herzens und der Leber" berücksichtigt werden. Dann nämlich sind wir stärker als die Totengräber und sogar stärker als die Dämonen.

DAS GLÜCK DER KINDER SORGT FÜR EINE HEILUNG DER ELTERN

Kranke Eltern

Die Heilige Schrift berichtet relativ wenig über Saras Eltern. Der Engel Rafael stellt insbesondere den Vater als rechtschaffenen und frommen Menschen dar (Tob 6,11-13). Saras Empfindungen können aber zumindest teilweise so interpretiert werden, dass die Eltern an „Abrahams" Krankheit litten, wenn es um die Beziehung zu den Kindern ging.[43] Wahrscheinlich konnten sie sich von Sara nur schwer verabschieden und versuchten, sie lange im Blickfeld und unter der eigenen Kontrolle zu behalten, was sie bei ihrer außerfamiliären Sozialisierung, beim Anbahnen von Kontakten und dem Aufbau von dauerhaften Beziehungen behindert hat.

Die Krankeit von Tobias' Eltern, insbesondere des Vaters, werden genauer und konkreter beschrieben. Seine Eltern sind zwar vorteilhafter charakterisiert, doch auch ihre Gebrechlichkeit wird deutlich. Denn die Blindheit des Vaters beschränkte sich nicht auf den Verlust des Augenlichtes, sondern die Erkrankung hatte noch weitreichendere Folgen. Der Vater verlor nicht nur den Sohn aus den Augen, sondern bald auch seine Frau, denn auch ihr gegenüber wurde er übertrieben skeptisch, misstrauisch und ungläubig.[44] All dies führte zwischen ihnen zu zusätzlichen Konflikten und ihre Kommunikation war immer häufiger von gegenseitigen Vorwürfen geprägt. Hanna äußerte ihr Missfallen von Anfang an und kam nur schwer mit dem Weggang ihres Sohnes zurecht. Vermutlich konnte sie sich nicht ganz damit abfinden, denn sie war sich geradezu sicher, dass er nicht rechtzeitig zurückkehren würde. So war es einfach für sie, ihre Zweifel offen zu äußern und ihre Sorge und ihren Schmerz über den Verlust ihres Sohnes als Vorwürfe gegen ihren Mann und dessen „Naivität" zu richten. Ihre Kommunikation offenbart zwei gegensätzliche Lebensansichten. Tobit beharrte darauf, dass der Sohn fortziehen sollte, durch das Verhalten seiner Frau gewinnt man aber den Eindruck, dass es sich hier um einen tiefergehenderen Konflikt handelt, dem noch andere unbewältigte Themen und Vorkommnisse zugrunde liegen.

Der Umstand, der dem Vater das Augenlicht genommen hatte, verursachte also weitere Krankheiten und Konflikte, die immer mehr überhandnahmen und beide, den Mann und die Frau, zu einem ausweichenden Verhalten bei ihrer Kommunikation und zu einem Rückzug in sich selbst und die eigene Welt zwangen.[45] Zum Glück verweist die Heilige Schrift auf die therapeutische und erlösende Rolle des Gebets, das dem Menschen auch in Konfliktsituationen die Möglichkeit zur Kommunikation offen hält. Menschen, die sich selbst positiv gegenüberstehen fällt das Beten möglicherweise leichter, denn sie suchen aktiver nach einer Lösung und sind in der Lage, mit größerem Optimismus bei Gott Hilfe zu suchen. Doch Tobit und Hanna bezeugen, dass gerade in der schwierigsten und „hoffnungslosesten" Situation das Gebet oft die einzige Kommunikationsform ist, die den Menschen beruhigen, heben und erneut zum Leben erwecken kann. Die therapeutische Dimension der religiösen Kommunikation liegt auch darin, dass Gott, anders als der Mensch, Verzweiflungsausbrüche oder auch aggressive Beleidigungen leichter erträgt. Insbesondere kann er aber abwarten und er widerspricht solchen zornigen oder wütenden Ausbrüchen nicht.[46]

Die religiöse Kommunikation löst von sich aus noch keine menschlichen Konflikte, sie befähigt aber dazu, die Krankheit zu entdecken und sie einzugestehen, was die Voraussetzung für eine erfolgreiche Heilung darstellt.

Die Hochzeit und das Testament

Nach der erfolgreich verbrachten Hochzeitsnacht, als Tobias und Sara endgültig verspürten, dass sie einander gehörten, bereiteten die Brauteltern eifrig das Hochzeitsfest vor. Tatsächlich war Tobias erst jetzt bereit zu „essen und zu trinken".

„Er (Raguel) veranstaltete für das Paar ein Hochzeitsfest, das vierzehn Tage dauerte, und noch vor Beendigung der Hochzeitsfeier beschwor er Tobias, nicht abzureisen, ehe die vierzehn Tage des Festes zu Ende seien. Dann solle er die Hälfte seines Vermögens in Empfang nehmen und wohlbehalten zu seinem Vater zurückkehren. Das übrige, sagte er, wirst du erhalten, wenn ich und meine Frau tot sind." (Tob 8,19-21)

Tobias' und Saras Hochzeitsfest war etwas besonderes, denn es dauerte nicht eine Woche, wie die alttestamentarischen israelitischen Hochzeiten gewöhnlich dauerten (Sveto pismo, 1997, S. 1253), sondern vierzehn Tage. Auch das Testament war sogleich fertiggestellt, und zwar den Anforderungen der jüngeren Generation angemessen. Mit einer gründlichen Vorbereitung und Konsequenz hat Tobias auf ehrlichem Weg erreicht, dass sich die Zukunft zu seinen Gunsten wenden und entwickeln würde.

Obwohl Saras Eltern im Testament „Vater und Mutter" bleiben, merkte Raguel bedeutungsvoll an, dass sie mit der Hochzeit „Eigentum" der jüngeren Generation geworden sind. Im Sinne der Liebe wurde Tobias zwar zu seinem Sohn, im Sinne der Zugehörigkeit und der damit verbundenen Autorität war es aber umgekehrt: Der Vater gehörte dem Sohn. Mit dieser Einstellung übergab er der jüngeren Generation die ganze Verantwortung und alle Kompetenzen, was für einen gesunden und mutigen Anfang der jungen Familie überaus wichtig war.

Tobias' Vater Tobit bezeichnete jedoch schon in der Abschiedsrede sein Geld, das er bei seinem Freund Gabael aufbewahrt hatte, als Testament. Auch die übrigen Erziehungsanweisungen waren auf dauerhafte Ehebeziehungen ausgerichtet, was bedeutete, dass es der Vater nicht nur erlaubte, sondern voraussetzte, dass der Sohn selbstständig werden, heiraten und eine Familie gründen würde.[47] Gemäß den Vermutungen des Vaters und dank des Engels kam der Sohn zu einem größeren Geschenk, als er erwartet hatte. Das ursprüngliche Geschenk erschien beinahe unbedeutend und gerade dadurch zeigte sich die symbolische Botschaft, dass der Vater – indem er auf die Abreise des Sohnes von Zuhause bestand – darin eine langfristige Entscheidung erkannte. Die Reise zum Geschenk des Vaters aus dessen Jugend führte ihn zur Entdeckung der Jugendbande des Vaters und seiner Bekanntschaften, Fähigkeiten und edlen Eigenschaften, was ihn dazu ermutigte herauszufinden, ob er mit der Unterstützung des Engels selbst zu ähnlichen Taten imstande sei.

Die Rolle des Engels steht manchmal mehr, manchmal weniger im Vordergrund. Mit dem Eintritt in die unmittelbare Vorbereitungsphase der Ehe zog er sich zunehmend zurück und führte mehr oder weniger Tobias' Anweisungen aus. Der Engel überließ die Führungsrolle also Tobias, war aber auch weiterhin bereit, ihm zu Hilfe zu kommen, wenn er ihn brauchte. So „fesselte" er empathisch endgültig „den Dämon im hintersten Winkel Ägyptens", und am Anfang der Hochzeitsfeier reiste er als Tobias' Diener zum Freund des Vaters Gabael, um das versprochene Geld abzuholen.[48] Das Testament des Vaters überstieg damit „zehn Talente Silber" bei weitem, war der Sohn doch nun glücklich verheiratet und voller Optimismus. So konnte er sein Ehe- und Familienleben auf guten Fundamenten aufbauen.

Die geheilten Eltern

Nach der Hochzeitsfeier reiste Tobias – mit dem natürlichen Kummer und dem Segen von Saras Eltern – in Begleitung des Engels und des Hundes mit seiner Frau seinem Zuhause entgegen.[49]

„Als sie auf ihrer Heimreise in die Nähe von Ninive kamen, sagte Rafael zu Tobias: ‚Weißt du noch, Bruder, wie es deinem Vater ging, als du ihn verlassen hast? Wir wollen deshalb deiner Frau vorausgehen und das Haus für ihren Empfang vorbereiten. Nimm auch die Galle des Fisches mit!' Sie machten sich auf den Weg und der Hund lief hinter ihnen her. … Hanna war inzwischen herbeigeeilt, fiel ihrem Sohn um den Hals und rief: ‚Ich habe dich wieder gesehen, mein Sohn, jetzt kann ich ruhig sterben.' Und beide brachen in Tränen aus. Auch Tobit versuchte, ihm entgegenzugehen, stolperte aber an der Tür. Da lief ihm sein Sohn entgegen und fing ihn auf. Und er strich seinem Vater die Galle auf die Augen und sagte: ‚Hab keine Angst, mein Vater!' Tobit rieb sich die Augen, weil sie brannten; da begannen die weißen Flecken sich von den Augenwinkeln aus abzulösen. Und er konnte seinen Sohn sehen, fiel ihm um den Hals und sagte unter Tränen: ‚Sei gepriesen, Gott, gepriesen sei dein heiliger Name in Ewigkeit. Gepriesen seien alle deine heiligen Engel. Du hast mich gezüchtigt und hast wieder Erbarmen mit mir gehabt. Denn ich darf meinen Sohn Tobias wieder sehen.'" (Tob 11,1-14)

Zunächst kehrten sie so zurück, wie sie aufgebrochen waren: der Sohn Tobias, der Engel Rafael und der Hund. In geringem Abstand folgten ihnen Tobias' Ehefrau und das Gefolge.

Als sich der Sohn dem Zuhause, der Mutter und dem Vater näherte, nahm er die Galle und bestrich damit die Augen des Vaters und heilte ihn damit. Es handelte sich dabei, wie wir wissen, um ein Symbol für Erfahrungen, die wir durch Wagnisse und Schmerzen, durch selbstständiges Überwinden der Herausforderungen und Gefahren gemacht haben. Dadurch wurden wir selbstständig und fähig, dauerhafte Beziehungen aufzubauen. Wenn wir die früher besorgten und „blinden" Eltern mit diesem gesunden Bewusstsein berührten, heilten wir sie und so sind sie erneut imstande, unbelastet in die Zukunft zu blicken.

Als also Tobias, der eigentlich die Sorgen und die Umstände verursacht hatte, die dem Vater das Augenlicht genommen hatten, als gesunder, selbstständiger und selbstbewusster Ehemann zurückkehrte, als also der Vater seinen Sohn mit einer glücklichen jungen Familie sah, entfernte ihm diese beglückende Wahrheit die Sorgenflecken, die das jugendliche Heranwachsen verursacht hatte. Der Blick klarte ihm wieder auf.

„Dann ging Tobit seiner Schwiegertochter bis an das Tor von Ninive entgegen. Er war voll Freude und pries Gott und alle, die ihn sahen, staunten, dass er wieder sehen konnte. Tobit aber bezeugte ihnen, dass Gott Erbarmen mit ihm gehabt hatte." (Tob 11,16)

Wenn die Eltern verspüren, dass ihre Kinder glücklich sind und ein geordnetes Leben haben, blühen sie auf und leben trotz des Alters mit einem neuen, manchmal nach Krisenjahren geradezu unglaublichen Optimismus und Mut wieder auf. Sie erfreuen sich des neuen Lebens, der Enkel, gleichzeitig aber verarbeiten und lösen sie in ihrem eigenen glücklichen Eheleben so manches Ereignis, das sie in den Sorgejahren entzweit hatte.

Wenn es nicht schon früher passiert ist, so lernen die Eltern in der „Herbstreflexion“ die Rolle zahlreicher Engel schätzen und es wird ihnen zusammen mit ihren Kindern bewusst, welche unbezahlbare Arbeit diese geleistet haben, wie es auch bei Tobit und Tobias geschehen war.

„Danach rief Tobit seinen Sohn Tobias zu sich und sagte: ‚Mein Sohn, vergiss nicht den Lohn für den Mann, der dich begleitet hat. Du musst ihm aber mehr geben, als wir ihm versprochen haben‘ (Tob 12,1). … Der Engel aber nahm die beiden beiseite und sagte zu ihnen: ‚Preist Gott und lobt ihn! Gebt ihm die Ehre und bezeugt vor allen Menschen, was er für euch getan hat. Es ist gut, Gott zu preisen und seinen Namen zu verherrlichen und voll Ehrfurcht seine Taten zu verkünden. Hört nie auf, ihn zu preisen‘ (Tob 12,6) … Ich will euch nichts verheimlichen; ich habe gesagt: Es ist gut, das Geheimnis eines Königs zu wahren; die Taten Gottes aber soll man offen rühmen.‘ (Tob 12,11) … Ich bin Rafael, einer von den sieben heiligen Engeln, die das Gebet der Heiligen emportragen und mit ihm vor die Majestät des heiligen Gottes treten.‘“ (Tob 12,15)

Mit dem Gebet wird oft die Suche nach einer Lösung gerade in schwierigen Situationen erleichtert, das Gebet verhindert, dass sich Menschen in sich selbst zurückziehen und vor der eigenen Verzweiflung kapitulieren. Gleichzeitig ist es aber durch die ausgedrückte Dankbarkeit bzw. die Danksagung auch eine Form von Kommunikation, die das scheinbar passive Leben der Großeltern, der Großväter und Großmütter, interessant, abwechslungsreich und sinnvoll sowohl für sie als auch für ihre Kinder und die jungen Familien macht. Wenn Eltern ihre Rolle als Erzieher ihrer Kinder abgegeben haben, weil die Kinder inzwischen erwachsen sind und eigene Kinder haben, bei denen sie selbst die Elternrolle übernehmen, können Großeltern, wenn sie gebraucht werden, einen Engelsdienst in den Familien ihrer Kinder für ihre Enkelkinder leisten.

Der Engel Rafael offenbarte sich dem Vater und dem Sohn, der älteren und der jüngeren Generation. So stellt sich der Blick in die Vergangenheit dar, die sich nach Dankbarkeit und Danksagung sehnt, aber auch der Blick in die Zukunft, in der wir Herausforderungen für den eigenen Auftrag erkennen.

Tobias' Erzählung lehrt und ermutigt uns, dass wir bei einem gesunden und selbstlosen Leben hoffen dürfen, „gesund zu sterben". Es geht um das Gefühl, uns von unseren glücklichen Kindern mit dem Bewusstsein zu verabschieden, unseren Auftrag erfüllt zu haben, und um den tiefen Glauben, dass es uns erlöst und transzendiert.

ANMERKUNGEN

1 In der pädagogischen und psychologischen Interpretation wird die Rolle der Archetypen nicht in den Vordergrund gestellt. Sofern diese aber gelegentlich vorkommen, beziehen sie sich vorwiegend auf Jungs Ansicht, wonach die Archetypen grundlegende „mythologische" Ideen und Erkenntnisse freilegen und ausdrücken (Segal, 1998, S. 5). Die Archetypen negieren den historischen Hintergrund der biblischen Geschichten und biblischen Personen nicht. Auch C. G. Jung, der seine Tiefenpsychologie gerade durch die Archetypenlehre promoviert hat, zweifelt gewöhnlich nicht am historischen Hintergrund der biblischen Figuren, obwohl sie seiner Meinung nach den Menschen als Symbolwesen stärker ansprechen und manchmal sogar in keinem historischen Kontext stehen (Segal, 1998, S. 215, 217-218). Somit können sie nämlich leichter aktualisiert und in eine Beziehungsdynamik transformiert werden, die gelebt und über die nachgedacht wird (Funke, 1993, S. 171).

2 In diesem Sinne ist die Redewendung zu verstehen, dass der Mensch in den „dümmsten" Jahren heiratet. Nach langer Überlegung und dem Abwägen rationaler Argumente „verstricken" wir uns nämlich in eine Faktenanalyse und einen Pragmatismus und stellen fest, dass sich eigentlich keine Lebensentscheidung „lohnt". Dass wir von der linken Gehirnhälfte betrogen wurden, erkennen wir meist erst dann, wenn die verhängnisvollen Fehler auch von der rechten Gehirnhälfte nicht mehr korrigiert werden können.

3 Eine bestimmte Unangepasstheit und die Fähigkeit, „gegen den Strom zu schwimmen" ist typisch für beinahe alle großen und bedeutenden Persönlichkeiten. Oft zeigt sich dies schon in Kinderjahren (Loder, 1998, S. 129).

4 Hinweise auf die positive Wirkung der religiösen Kommunikation finden sich in mehreren neuropsychologischen Untersuchungen. Sie beschreiben, dass das Meditieren und Beten Nervenzentren aktivieren (Musek, 2005, S. 49), was wiederum einen wichtigen Beitrag zur psychischen Gesundheit und Stabilität leisten kann (Lee, Newberg, 2005, S. 456-457).

5 Unter dem Aspekt der „Strafe" ist in der Tradition der christlichen Erziehung Gott „gefährlicher" als die Engel. Der bekannte Spruch, der in einigen Texten sogar in den Rahmen der „sechs Wahrheiten" gehört, und zwar, dass „Gott ein gerechter Richter ist, der gut belohnt und streng bestraft", erlaubt den Missbrauch Gottes, der in der kindlichen Fantasie zu einem „zynischen Polizisten" oder einem „Schreckgespenst" werden

kann. Gott sei Dank gehören diese Erziehungsmethoden heute der Vergangenheit an.

6 In älteren Übersetzungen hat das Buch Tobit den Titel „Buch Tobias", weil man, in Anlehnung an Hieronimus` lateinische Übersetzung den Namen des Vaters mit dem des Sohnes gleichsetzte. Denn beide wurden Tobias genannt. Es ist interessant, dass dies auch von vielen anderen Traditionen her bekannt ist. Auch in der christlichen Tradition tragen Kinder häufig die Namen ihrer Eltern, insbesondere wird dem Erstgeborenen der Name des Vaters gegeben. Moderne europäische Übersetzungen haben unter Berücksichtigung des griechischen Originaltextes diese Gleichsetzung aufgehoben und nennen den Vater „Tobit", den Sohn aber „Tobias" (Sveto pismo, 1997, S. 1245).

7 „Den dritten Zehnten gab ich denen, für die er bestimmt war, wie es Debora, die Mutter meines Vaters, geboten hatte; denn ich war nach dem Tod meines Vaters völlig verwaist. Als ich ein Mann geworden war, heiratete ich Hanna, die aus dem Geschlecht unseres Vaters stammte, und wir bekamen einen Sohn, den wir Tobias nannten." (Tob 1,8-9)

8 Als Ausgangspunkt für ein Gespräch über intime Fragen können wir dem Jugendlichen ein entsprechendes Buch anbieten, das sowohl bei der Artikulation der Fragen als auch bei der Gestaltung der Antworten Hilfe leisten kann (Caissy, 1994, S. 24).

9 Sitten und Gebräuche ändern sich, und oft ist die Kommunikation zwischen Eltern und Jugendlichen heute von einem unverbindlichen Umgangston geprägt. Stellt man einen Vergleich mit den Beziehungen innerhalb einer Ehe an, wo sich laut Statistik im Gegensatz zu früher die Ehepartner zwar weniger streiten, sich aber häufiger scheiden lassen, dann heißt das, übertragen auf die Eltern-Kind-Beziehung, dass sich hinter einer nach außen gezeigten Harmonie oft auch zerbrechliche und instabile Beziehungen verbergen.

10 „Dabei kam ich auf einer Reise auch nach Medien und vertraute Gabael, dem Bruder des Gabrija, in der Stadt Rages in Medien zehn Talente Silber zur Aufbewahrung an. Als Salmanassar starb, wurde sein Sohn Sanherib an seiner Stelle König. Seine Regierungszeit war von Unruhen erfüllt, und ich konnte nicht mehr nach Medien reisen." (Tob 1,14-15)

11 „Und jetzt will ich dir noch etwas sagen: Ich habe Gabael, dem Bruder des Gabrija, in der Stadt Rages in Medien zehn Talente Silber zur Aufbewahrung anvertraut. Hab also keine Angst, mein Sohn, weil wir verarmt sind. Du hast ein großes Vermögen, wenn du nur Gott fürchtest, alle Sünde meidest und das tust, was ihm gefällt." (Tob 4,20-21)

12 „An diesem Tag erinnerte sich Tobit an das Geld, das er in der Stadt Rages in Medien bei Gabael hinterlegt hatte. Er dachte: ‚Ich habe mir den Tod gewünscht. Warum soll ich nicht meinen Sohn Tobias rufen und ihm von dem Geld erzählen, bevor ich sterbe?' Er rief ihn also und sagte: ‚Mein Sohn, wenn ich gestorben bin, begrab mich! Lass deine Mutter nicht im Stich, sondern halte sie in Ehren, solange sie lebt. Tu, was sie erfreut, und mach ihr keinen Kummer! Denk daran, mein Sohn, dass sie deinetwegen viele Beschwerden hatte, als sie dich in ihrem Schoß trug. Wenn sie gestorben ist, begrab sie an meiner Seite im selben Grab! Denk alle Tage an den Herrn, unseren Gott, mein Sohn, und hüte dich davor, zu sündigen und seine Gebote zu übertreten. Handle gerecht, solange du lebst; geh nicht auf den Wegen des Unrechts! Denn, wenn du dich an die Wahrheit hältst, wirst du bei allem, was du tust, erfolgreich sein. Allen, die gerecht handeln, hilf aus Barmherzigkeit mit dem, was du hast. Sei nicht kleinlich, wenn du Gutes tust. Wende deinen Blick niemals ab, wenn du einen Armen siehst, dann wird auch Gott seinen Blick nicht von dir abwenden. Hast du viel, so gib reichlich von dem, was du besitzt; hast du wenig, dann zögere nicht, auch mit dem Wenigen Gutes zu tun. Auf diese Weise wirst du dir einen kostbaren Schatz für die Zeit der Not ansammeln. Denn Gutes zu tun rettet vor dem Tod und bewahrt vor dem Weg in die Finsternis. Wer aus Barmherzigkeit hilft, der bringt dem Höchsten eine Gabe dar, die ihm gefällt. Mein Sohn, hüte dich vor jeder Art von Unzucht! Vor allem: Nimm eine Frau aus dem Stamm deiner Väter! Nimm keine fremde Frau, die nicht zum Volk deines Vaters gehört; denn wir stammen vom Propheten ab. Mein Sohn, denk an Noach, Abraham, Isaak und Jakob, unsere ersten Vorfahren! Sie alle haben Frauen aus ihrem Stamm geheiratet und sind mit Kindern gesegnet worden; ihre Nachkommen werden das Land besitzen. Darum liebe die Brüder aus deinem Stamm, mein Sohn, fühle dich nicht erhaben über deine Verwandten und die Söhne und Töchter deines Volkes und sei nicht zu stolz, dir aus ihrer Mitte eine Frau zu nehmen. Denn Stolz führt ins Verderben und bringt Zerrüttung mit sich. Auch Charakterlosigkeit führt zu Erniedrigung und großer Not; die Charakterlosigkeit ist nämlich die Mutter des Hungers. Wenn einer für dich gearbeitet hat, dann enthalte ihm seinen Lohn nicht vor bis zum nächsten Tag, sondern zahl ihn sofort aus! Wenn du Gott auf diese Weise dienst, wird man auch dir deinen Lohn auszahlen. Gib Acht auf dich bei allem, was du tust, mein Sohn, und zeig durch dein Benehmen, dass du gut erzogen bist. Was dir selbst verhasst ist, das mute auch einem anderen nicht zu! Betrink dich nicht; der Rausch soll nicht dein Begleiter sein. Gib dem Hungrigen

von deinem Brot und dem Nackten von deinen Kleidern! Wenn du Überfluss hast, dann tu damit Gutes und sei nicht kleinlich, wenn du Gutes tust. Spende dein Brot beim Begräbnis der Gerechten, gib es nicht den Sündern! Such nur bei Verständigen Rat; einen brauchbaren Ratschlag verachte nicht! Preise Gott, den Herrn, zu jeder Zeit; bitte ihn, dass dein Weg geradeaus führt und dass alles, was du tust und planst, ein gutes Ende nimmt. Denn kein Volk ist Herr seiner Pläne, sondern der Herr selbst gibt alles Gute und er erniedrigt, wen er will, wie es ihm gefällt. Denk also an meine Lehren, mein Sohn! Lass sie dir nie aus dem Herzen reißen!'" (Tob 4,5-19)

13 „Tobias antwortete ihm: ‚Ich will alles tun, Vater, was du mir aufgetragen hast. Aber wie soll ich das Geld holen? Ich kenne Gabael doch nicht.'" (Tob 5,1-2)

14 „Da gab ihm der Vater den Schuldschein." (Tob 5,3)

15 „Such jemand, der mit dir auf die Reise geht. Ich will ihn entlohnen, solange ich noch am Leben bin. Mach dich also auf den Weg und hol das Geld ab!" (Tob 5,3b)

16 „Tobias ging auf die Suche nach einem Begleiter und traf dabei Rafael; Rafael war ein Engel, aber Tobias wusste es nicht." (Tob 5,4)

17 „Er fragte ihn: ‚Könnte ich mit dir nach Rages in Medien reisen? Bist du mit der Gegend dort vertraut?' Der Engel antwortete: ‚Ich will mit dir reisen; ich kenne den Weg und war schon bei unserem Bruder Gabael zu Gast.'" (Tob 5,5-6)

18 „Tobias bat ihn: ‚Wart auf mich, ich will es meinem Vater sagen.' Der Engel antwortete ihm: ‚Geh, aber halte dich nicht auf!'" (Tob 5,7-8)

19 „Tobias ging nach Hause und sagte zu seinem Vater: ‚Ich habe einen Mann gefunden, der mit mir reisen will.' Da sagte der Vater: ‚Ruf ihn her zu mir! Ich möchte wissen, aus welchem Stamm er kommt und ob er auch zuverlässig genug ist, um dich zu begleiten.'" (Tob 5,9)

20 „Tobias holte den Engel; Rafael kam und sie begrüßten einander. Tobit fragte ihn: ‚Bruder, aus welchem Stamm und aus welcher Familie kommst du? Sag es mir!' Da erwiderte Rafael: ‚Geht es dir um den Stamm und die Familie oder um einen Mann, der gegen eine Entlohnung mit deinem Sohn auf die Reise geht?' Tobit sagte: ‚Bruder, ich möchte nur deine Herkunft und deinen Namen wissen.' Da antwortete Rafael: ‚Ich bin Asarja, der Sohn des großen Hananja, einer von den Brüdern deines Stammes.' Darauf sagte Tobit: ‚Sei willkommen, mein Bruder! Sei mir nicht böse, dass ich nach deinem Stamm und deiner Familie gefragt habe. Ich sehe, mein Bruder, dass du aus einem guten und edlen Geschlecht stammst ... Bruder, du stammst von guten Vorfahren. Aber sag

mir: Welchen Lohn soll ich dir geben? Eine Drachme täglich und dazu den Lebensunterhalt, wie ihn auch mein Sohn erhält? Ich will dir aber noch etwas zu deinem Lohn hinzugeben, wenn ihr gesund zurückkehrt.' So einigten sie sich. Darauf sagte Tobit zu Tobias: ‚Mach dich fertig zur Reise! Ich wünsche euch alles Gute auf den Weg.' Als der Sohn alles für die Reise vorbereitet hatte, sagte sein Vater zu ihm: ‚Mach dich mit dem Mann auf den Weg! Gott, der im Himmel wohnt, wird euch auf eurer Reise behüten; sein Engel möge euch begleiten.' Da brachen die beiden auf und der Hund des jungen Tobias lief mit." (Tob 5,10-17)

21 „Als der Sohn alles für die Reise vorbereitet hatte, sagte sein Vater zu ihm: ‚Mach dich mit dem Mann auf den Weg! Gott, der im Himmel wohnt, wird euch auf eurer Reise behüten; sein Engel möge euch begleiten.' Da brachen die beiden auf und der Hund des jungen Tobias lief mit. Hanna aber, die Mutter des Tobias, weinte und sagte zu Tobit: ‚Warum hast du unseren Sohn weggeschickt? War er nicht die Stütze unseres Alters, als er noch bei uns ein- und ausging? Wir hätten dieses Geld gar nicht gebraucht; denn es ist nichts, verglichen mit dem Leben unseres Sohnes. Was uns der Herr zum Leben gegeben hat, reicht für uns.' Tobit antwortete: ‚Mach dir keine Sorgen, Schwester, er wird gesund zurückkommen und du wirst ihn wieder sehen. Denn ein guter Engel begleitet ihn und seine Reise wird ein gutes Ende nehmen; er wird sicherlich gesund heimkehren.' Da hörte sie auf zu weinen." (Tob 5,17f-23)

22 Angesichts der israelitischen Tradition, in der der Hund als „unreines Tier" galt, ist diese biblische Aufwertung, wahrscheinlich durch die griechische Zivilisation, noch wichtiger, denn sie macht die Aktualität der Erzählung gerade in erzieherischer Hinsicht deutlich (Sveto pismo, 1997, S. 1251).

23 Ähnlich wie Jakobs Kampf mit Gott kann auch Tobias' Begegnung mit dem Fisch als Kampf mit der eigenen Schattenseite des Lebens interpretiert werden (Höfer, 2005, S. 106).

24 Nach einer Anekdote wurde der berühmte amerikanische Schriftsteller Mark Twain einst von seinem Sohn im Teenageralter gefragt, ob er abends ausgehen dürfe. „Auch ich war fünfzehn Jahre alt und bin ausgegangen. Bleib schön zuhause!", lautete die Antwort des Vaters.

25 Es gibt auch viele Fälle, in denen die Eltern selbst nicht erwachsen wurden und es ihnen nicht gelang, dauerhafte Beziehungen aufzubauen. Solche Eltern „zwingen" manchmal die Kinder ohne Gefühl für Beziehungen zu einem „abenteuerlustigen" Kennenlernen des Lebens, womit sie den eigenen Lebensstil zu rechtfertigen und Konflikten auszuweichen versuchen (Juhant, 2007, S. 34).

26 „Als sie weiterreisten und in die Gegend von Ekbatana kamen, fragte der junge Tobias den Engel: ‚Asarja, lieber Bruder, wozu sollen die Leber, das Herz und die Galle des Fisches gut sein?'" (Tob 6,6-7)

27 „Rafael antwortete: ‚Wenn ein Mann oder eine Frau von einem Dämon oder einem bösen Geist gequält wird, soll man das Herz und die Leber des Fisches in Gegenwart dieses Menschen verbrennen; dann wird er von der Plage befreit. Und wenn jemand weiße Flecken in den Augen hat, soll man die Augen mit der Galle bestreichen; so wird er geheilt.'" (Tob 6,8-9)

28 Ähnlich wie in zahlreichen anderen alttestamentarischen Fällen handelt es sich auch hier um einen Verwandtschaftsbegriff, der die Stammeszugehörigkeit umfasst und nicht die verwandtschaftlichen Verhältnisse in der heutigen, engeren Bedeutung des Wortes.

29 In diesem Teil ist die Kommunikation des Engels Rafael mit Tobias methodologisch mit dem Gespräch zwischen Rebekka und ihrem Sohn Jakob vergleichbar, als sie ihn mit ähnlichen Schritten auf die betrügerische und riskante Annahme des Segens vorbereitete (Gen 27,1-17).

30 „Hab also keine Angst; das Mädchen ist schon immer für dich bestimmt gewesen. Du wirst sie aus ihrer Not befreien; sie wird mit dir ziehen und wird dir gewiss Kinder schenken." (Tob 6,18).

31 Die Engel richten sich natürlich nicht nach allen „therapeutischen Prinzipien" und ich hatte nicht vor, sie unter dem Aspekt der fachlichen Therapeuten- und Beraterregeln zu interpretieren. Insbesondere geht es darum, dass sich die „Engel", sowohl die biblischen als auch die heutigen, stärker in die Entscheidungsfindung einmischen als es von manchen therapeutischen Regeln her erlaubt wird. Ihre Rolle wird im breitesten anthropologischen Sinne interpretiert und mit vielen Erzieher-Figuren verbunden, die die familiäre Erziehung unterstützen und aufwerten.

32 Ein ähnliches Beispiel finden wir auch bei Jakobs Vermählung mit Lea und Rahel (Gen 29,18-29).

33 „Als sie in Ekbatana beim Haus Raguels angelangt waren, kam ihnen Sara entgegen und hieß sie willkommen. Sie erwiderten ihren Gruß und Sara führte sie ins Haus." (Tob 7,1)

34 „Da sagte Raguel zu seiner Frau Edna: ‚Wie sieht doch dieser junge Mann meinem Vetter Tobit ähnlich!' Raguel fragte die beiden: ‚Woher seid ihr, liebe Brüder?' Sie antworteten: ‚Wir gehören zu den Leuten vom Stamm Naftali, die in Ninive in der Gefangenschaft leben.' Da fragte er sie: ‚Kennt ihr unseren Bruder Tobit?' Sie sagten: ‚Wir kennen ihn.' Er fragte weiter: ‚Geht es ihm gut?' Sie antworteten: ‚Er lebt und ist gesund.' Tobias fügte hinzu: ‚Er ist mein Vater.' Da sprang Raguel auf und umarm-

te ihn unter Tränen; er segnete ihn und sagte: ‚Du bist der Sohn eines guten und edlen Mannes.' Als er dann hörte, dass Tobit das Augenlicht verloren hatte, wurde er traurig und weinte; auch seine Frau Edna und seine Tochter Sara brachen in Tränen aus. Man nahm die beiden Gäste herzlich auf. Man schlachtete einen Widder und setzte ihnen ein reiches Mahl vor." (Tob 7,2-8)

35 „Am gleichen Tag geschah es, dass in Ekbatana in Medien Sara, die Tochter Raguels, von den Mägden ihres Vaters ebenfalls beschimpft wurde ... Die Mägde sagten zu ihr: ‚Begreifst du denn nicht, dass du deine eigenen Männer erwürgst? Sieben hast du gehabt, doch kein einziger ist dir geblieben' ... Als Sara das hörte, wurde sie so traurig, dass sie sich erhängen wollte. Aber sie dachte: ‚Ich bin die einzige Tochter meines Vaters. Wenn ich das täte, wäre es eine große Schande für ihn und ich wäre schuld daran, dass der alte Mann vor Kummer ins Grab sinkt.' Darum trat sie ans Fenster und betete: ‚Gepriesen seist du, Herr, mein Gott. Gepriesen sei dein heiliger und ehrwürdiger Name in Ewigkeit. Alle deine Werke sollen dich ewig preisen. Nun aber, Herr, habe ich meine Augen und mein Gesicht dir zugewandt. Lass mich von dieser Erde scheiden, damit ich nicht länger solche Beschimpfungen hören muss ... Schon sieben Männer habe ich verloren. Was nützt mir da noch das Leben? Doch wenn es dir nicht gefällt, mich sterben zu lassen, dann blick auf mich herab und hab Erbarmen mit mir, damit ich nicht länger solche Beschimpfungen hören muss.'" (Tob 3,7-15)

36 Dies ist vor allem bei Familien mit einem Kind „gefährlich". Bei einer Hochzeit sagte die Mutter des Bräutigams einmal: „Jetzt habe ich halt zwei Kinder zu erziehen." Auf meine Nachfrage beim Bräutigam, ob er nun zur Mutter oder zu seiner Frau gehöre, küsste er seine Braut und sagte: „Ich gehöre dir und niemand anderem" und danach gingen sie tanzen. Seine Mutter war sichtlich enttäuscht und konnte ihre Tränen nicht zurückhalten.

37 Angesichts der Tatsache, dass der Tradition nach der Mann bei der Anbahnung von Beziehungen sexuell aktiver und die weibliche Natur gewöhnlich zurückhaltender ist (Caissy, 1994, S. 50), ist Tobias' behutsames Vorgehen in dieser biblischen Erzählung noch besonders interessant. Ihre ethische Konnotation ist stärker betont als in einigen Märchen, die ähnliche Lebensfragen behandeln.

38 Der Mechanismus des hinterhältigen „Aushebens von Gräbern" wird nicht selten von übertriebenen Ansprüchen und zu großen Erwartungen von Seiten der Eltern getragen. Übertriebene Erwartungen stellen immer eine Bedrohung für das Selbstbewusstsein dar, insbesondere in der Ado-

leszenz, wenn es die Jugendlichen am meisten brauchen (Caissy, 1994, S. 44-45).

39 Ich erinnere mich an einen hysterischen Telefonanruf eines Vaters, weil seine Tochter, die das Gymnasium besuchte, nur die Note „gut“ erreicht hatte. Der Weg von perfektionistischen Forderungen an die Kinder bis zu ihrer Überzeugung, dass es sich nicht lohnt zu heiraten, weil es auf der Welt sowieso keine guten Menschen gibt, und weiter bis zu dem Gefühl, dass man eigentlich nicht einmal selbst „gut“ genug ist, weswegen das Leben keinen Sinn hat, ist oft kürzer als man denkt.

40 So wie in der biblischen Erzählung die Männer sterben, sterben durch das „Ausheben von Gräbern“ im realen Leben auch Bräute.

41 „Denn es ist so: Manche sind von Geburt an zur Ehe unfähig, manche sind von den Menschen dazu gemacht und manche haben sich selbst dazu gemacht – um des Himmelreiches willen. Wer das erfassen kann, der erfasse es.“ (Mt 19,12)

42 Im Wort Jesu „Denn wer hat, dem wird gegeben, und er wird im Überfluss haben; wer aber nicht hat, dem wird auch noch weggenommen, was er hat“ (Mt 13,12) spiegeln sich gerade solche Fälle wider. Wenn man nach missglückter Kommunikation in Depressionen verfällt und aufhört zu kommunizieren, verstärkt sich mit der eigenen Verschlossenheit das Gefühl, dass man ohnedies nicht fähig ist, Kontakte zu schließen und Beziehungen aufzubauen. Je weniger man also kommuniziert, desto weniger ist man fähig, es tatsächlich zu tun. Dabei geht auch die Lust zu kommunizieren verloren. Ist man aber motiviert, auch nach Niederlagen offen zu kommunizieren, dann nimmt sowohl die Fähigkeit zu als auch die Lust. Freude am Austausch mit anderen und an Beziehungen setzt nämlich in unserem Körper tiefgreifende „chemische“ Prozesse in Gang, die als typische „Antidepressiva“ wirken und Lebensfreude stärken (Bauer, 2007, S. 19). Dem, der „hat“, wird also noch „gegeben“.

43 Ein Mensch, dem Mitleid zuteil wird, wird schon im Ansatz erniedrigt, denn er ist der Liebe nicht „würdig“ und „verdient“ sie nicht. Er bekommt es nur wegen der Güte, die aber je nach Gutdünken auch wieder entzogen werden kann.

44 Der Geschichte „Abrahams Opfer“ nach war Abraham in seinen Sohn Isaak so „verliebt“, dass er ihn beinahe ermordet hätte, bevor er ihn erwachsen und selbstständig werden lassen konnte. Erst nach dem entschlossenen Zurufen des „Engels“ sah er sich befähigt, sein „Kind“ zu „entbinden“ und frei leben zu lassen (Gen 22,1-14).

45 „Meine Frau Hanna fertigte Zuhause Webarbeiten an, wie sie Frauen zu machen pflegen, und lieferte sie dann bei den Bestellern ab. Einmal

geschah es, dass sie ihr nicht nur den Lohn zahlten, sondern auch noch ein Ziegenböckchen dazuschenkten. Als sie heimkam, fing das Tier an zu meckern. Ich fragte sie: ‚Wo hast du das Böckchen her? Es ist doch nicht etwa gestohlen? Dann gib es seinen Eigentümern zurück! Denn was gestohlen ist, darf man nicht essen.‘ Sie erwiderte: ‚Es wurde mir zusätzlich zu meinem Lohn geschenkt.‘ Aber ich glaubte ihr nicht und verlangte, dass sie es seinen Eigentümern zurückbrachte, und ich schämte mich ihretwegen. Doch sie antwortete: ‚Wo ist denn der Lohn für deine Barmherzigkeit und Gerechtigkeit? Jeder weiß, was sie dir eingebracht haben.‘“ (Tob 2,11-14)

46 „Und sie lief jeden Tag hinaus auf den Weg, auf dem er fortgezogen war. Tagsüber aß sie nichts und in der Nacht hörte sie nicht auf, um ihren Sohn Tobias zu klagen, bis schließlich die vierzehn Tage der Hochzeitsfeierlichkeiten um waren, die Tobias auf die beschwörenden Bitten Raguels hin in Ekbatana verbrachte.“ (Tob 10,7c)

47 Nach dem Streit und der ungerechten Verurteilung durch seine Frau zieht sich Tobit in sich zurück und ist nur noch im Gebet zur Kommunikation fähig: „Da wurde ich traurig und begann zu weinen. In meinem Schmerz betete ich.“ (Tob 3,1)

48 „Mein Sohn, hüte dich vor jeder Art von Unzucht! Vor allem: Nimm eine Frau aus dem Stamm deiner Väter! Nimm keine fremde Frau, die nicht zum Volk deines Vaters gehört; denn wir stammen von Propheten ab. Mein Sohn, denk an Noach, Abraham, Isaak und Jakob, unsere ersten Vorfahren! Sie alle haben Frauen aus ihrem Stamm geheiratet und sind mit Kindern gesegnet worden; ihre Nachkommen werden das Land besitzen. (Tob 4,12)

49 „Tobias rief Rafael und sagte zu ihm: ‚Asarja, mein Bruder, nimm einen Knecht und zwei Kamele und reise nach Rages in Medien zu Gabael. Hol mir das Geld und bring Gabael zur Hochzeit mit!‘ ... Rafael reiste ab, blieb die Nacht über bei Gabael und legte ihm den Schuldschein vor. Gabael holte die versiegelten Beutel und gab sie ihm. Am frühen Morgen brachen sie gemeinsam auf und kamen zur Hochzeit. Und Tobias pries seine Frau.“ (Tob 9,1-6)

50 „Da stand Raguel auf, vertraute ihm Sara als seine Frau an und gab ihm die Hälfte seines Vermögens: Sklaven, Vieh und Geld“ (Tob 10,10) „Dann reiste Tobias ab. Er dankte Gott, dass er seiner Reise so viel Erfolg beschieden hatte, und segnete Raguel und seine Frau Edna.“ (Tob 10,14)

LITERATUR

Bauer, Joachim: Lob der Schule. Sieben Perspektiven für Schüler, Lehrer und Eltern, Hamburg 2007.

Bauer, Joachim: Prinzip Menschlichkeit. Warum wir von Natur aus kooperieren, Hamburg 2006.

Caissy, A. Gail: Early Adolescence. Understanding the 10 to 15 Year Old, New York – London 1994.

Cloud, Henry & Townsend, John: How People Grow. What the Bible Reveals about Personal Growth, Grand Rapids – Michigan 2001.

Cohen, J. Norman: Self, Struggle & Change. Family Conflict Stories in Genesis and Their Healing Insights for Our Lives, Woodstock 1995.

Cohen, J. Norman: Voices from Genesis. Guiding Us Through the Stages of Life, Woodstock, Vermont 1998.

Corey, A. Michael: Job, Jonah, and the Unconscious. A Psychological Interpretation of Evil and Spiritual Growth in the Old Testament, Lanham – New York – London 1995.

Die Bibel, Einheitsübersetzung, Stuttgart 2007.

Görg, Manfred: In Abrahams Schoss. Christen ohne Neues Testament, Düsseldorf 1993.

Friedman, Richard Elliott: Commentary on the Torah. With a new English Translation, San Francisco 2001.

Funke, Dieter: Der halbierte Gott. Die Folgen der Spaltung und die Sehnsucht nach Ganzheit, München 1993.

Gerjolj, Stanko. Biographisch-ganzheitliches Lernen: ein Weg zur Dialogfähigkeit, in: Hünermann, Peter & Juhant, Janez & Žalec, Bojan: Dialogue and Virtue: Ways to Overcome Clashes of Our Civilizations, Münster 2007, S. 247-261.

Höfer, Albert: Gottes Wege mit den Menschen. Ein gestaltpädagogisches Bibelwerkbuch, München 1993.

Höfer, Albert: Heile unsere Liebe: Ein gestaltpädagogisches Lese- und Arbeitsbuch, München 1997.

Höfer, Albert: Spuren Gottes in meinem Leben, München 2003.

Höfer, Albert & Steiner Katarina: Handbuch der Integrativen Gestaltpädagogik und Supervision: 1. Teil., Werdenfels 2004.

Höfer, Albert: Partnerkrisen als Partnerchancen – und was sagt die Bibel dazu, in: Höfer Albert & Steiner Katarina & Feiner Franz: Handbuch der Integrativen Gestaltpädagogik und Supervision, 2. Teil: Bildhaft glauben und sich ändern, Werdenfels 2005, S. 104-111.

Juhant, Janez: Athropological Foundation of Dialogue, in: Hünermann, Peter & Juhant, Janez & Žalec, Bojan: Dialogue and Virtue: Ways to Overcome Clashes of Our Civilizations, Berlin 2007, S. 33-45.

Musek, Janek: Psihološki, nevroznanstveni in evolucijski vidiki verskega doživljanja, in: Markič, Olga & Gams, Matjaž: Informacijska družba – Information society. Ljubljana 2005, S. 48-51.

Krašovec, Jože: Nagrada, kazen in odpuščanje. Mišljenje in verovanje starega Izraela v luči grških in sodobnih pogledov, Ljubljana 1999.

Lee, Y. Bruce & Newberg B. Andrew: Religion and health: A rewiew and critical analysis, in: Zygon – Journal of Religion & Science, Chicago, 2005, Nr. 40, S. 443-468.

Loder, E. James: The Logic of the Spirit: Human Development in Theological Perspective, San Francisco1998.

Martinez, E. Michael: Education as the Cultivation of Intelligence, Mahwah – London 2000.

O'Connell, Sanjida: Mindreading. An Investigation into how we learn to Love and Lie, New York 1998.

Rollins, G. Wayne: Soul and Psyche. The Bible in Psychological Perspective, Minneapolis 1999.

Rupnik, I. Marko: »Brate iščem«, Koper 2000.

Segal, A. Robert: Jung and Mythology, Princeton 1998.

Sveto pismo Stare in Nove zaveze. Slovenski standardni prevod iz izvirnih jezikov, Ljubljana 1997.

Vaughan, Frances & Wittine, Bryan & Walsh, Roger: Transpersonal Psychology and the Religious Person, in: Shafranske P. Edward: Religion and the Clinical Practice of Psychology, Washington DC 1996, S. 483-509.

Walton, H. John: The NIV Application Commentary. From biblical text ... to contemporary life, Michigan 2001.

Williams, Linda VerLee: Teaching for the Two-Sided Mind. A Guide to Right Brain / Left Brain Education, New York 1986.

Entdecke deine Einmaligkeit

Ich strecke mich dir entgegen

Der wohltuende Weg der Kontemplation

ca. 120 Seiten,
kartoniert, Fotos
ISBN 978-3-7698-1742-3

Kontemplation – das ist die Kunst der religiösen Versenkung; eine über viele Jahrhunderte in Klöstern gepflegte Spiritualität. Anknüpfend an eigene Lebenserfahrungen und Wünsche, ist dies ein individueller Weg zu sich selbst. Das Buch richtet sich an Menschen, die eine eigene, neue Form der Spiritualität suchen und sich der christlichen näher fühlen als einer asiatischen Form.